Engelbert Wichelhausen

Über die Bäder des Altertums, insbesonderheit der alten Römer, ihren Verfall und die Notwendigkeit, sie allgemein wieder einzuführen

Engelbert Wichelhausen

Über die Bäder des Altertums, insbesonderheit der alten Römer, ihren Verfall und die Notwendigkeit, sie allgemein wieder einzuführen

ISBN/EAN: 9783955640187

Auflage: 1

Erscheinungsjahr: 2013

Erscheinungsort: Bremen, Deutschland

@ EHV-History in Access Verlag GmbH, Fahrenheitstr. 1, 28359 Bremen. Alle Rechte beim Verlag und bei den jeweiligen Lizenzgebern.

Ueber die

Bæder des Alterthums,

insonderheit

der alten Rœmer,

ihren Verfall und die Nothwendigkeit, sie allgemein wieder einzuführen.

Ein Beitrag

zur nœthigsten Reformazion der praktischen Medizin,

von

Dr. Engelbert Wichelhausen,

Kaiserlich - Russischem Collegien - Assessor, ausübendem Arzte in Mannheim etc.

Mannheim und Heidelberg
in der Schwan - und Gœtzischen Buchhandlung
1807.

— So lang' auf seinen Felsensæulen
Ragt das schmale, meerumflossne Land,
Das der Goetter Anherrn einst sah weilen,
Gründen goldne Reich' an seinem Strand —
Mag dahin das Rad der Zeit auch eilen —
Wird die Siebenhügelstadt genannt.
Ewig hiess sie in der Vorwelt Munde,
Ewig tœnt der Nachwelt ihre Kunde.

                Wilh. von Humboldt.

Seiner Kœniglichen Hoheit,

dem

Durchlauchtigsten Fürsten

und

Erbgrossherzog zu Baden

Carl Ludwig Friedrich

✶

und

Ihrer Kaiserlichen Hoheit,

der

Durchlauchtigsten Fürstin

und

Erbgrossherzogin zu Baden

Stephanie Louise Adrienne Napoleon

✷

mit tiefster Ehrfurcht zugeeignet

und

allerunterthænigst zu Füssen gelegt

von dem Verfasser.

Vorerinnerung.

Diese Blætter sind eine Frucht meiner Reisen in Italien.

Als ich in diesem paradiesischen Lande, glückliche Tage im ehemals weltbeherrschenden Rom verlebte, und Bilder aus der Vergangenheit von den grossen, in allen folgenden Jahrhunderten nicht übertroffenen, Thaten *) der Generazionen, auf deren Staub ich wan-

---

*) Wenn man die wundergleichen Thaten Napoleons des Grossen ausnimmt.

delte, mich mit Enthusiasmus für alles Grosse, Erhabene und Schœne erfüllten, so fesselten vorzüglich meine Aufmerksamkeit diejenigen Anstalten, wodurch einst physische und psychische Energie so allgemein daselbst verbreitet waren. Unter œden, schauerlichen Ruinen der Thermen und Bæder verglich ich in dieser Hinsicht voll Wehmuth die Gegenwart mit der grauen Vorzeit. Dies führte mich zum Nachsinnen über die Mittel zur Wiedereinführung dieser trefflichen, auf Volksbildung so mæchtig wirkenden, Anstalten.

Oft haben nachmals diese Gedanken meinen Geist beschæftiget, wenn ich die Schwæchlichkeit und Weichlichkeit des grœssten Theils der jetzigen Generazion in Erwægung zog; und auf diese Weise bin ich endlich zu dem Entschlusse gekommen, sie dem Publikum zur Beherzigung mitzutheilen.

Kenner werden bei meiner Beschreibung der Badeanstalten bemerken: dass in sehr vielen Fællen Autopsie mich geleitet hat; woraus die Abweichungen von demjenigen zu erklæren sind, was Andere über diesen Gegenstand gesagt und was so viele Schriftsteller einer dem andern nachgeschrieben haben.

Auch muss ich erinnern: dass

es meine Absicht nicht war, alle Notizen, die wir bei den Alten über die Bæder finden, zusammenzutragen. Meine Schilderung der Badeanstalten der Alten soll bloss das Wichtigste davon enthalten; und zwar weniger in artistischer, als medizinischer Rücksicht.

Bei der Geschichte des Verfalls der Bæder habe ich auch nur die Hauptmomente andeuten wollen, wodurch dieser nützliche Volksgebrauch allmæhlich in Vergessenheit gerathen ist.

Indem ich diese Blætter einen Beitrag zur nœthigsten Reformazion der praktischen Medizin nenne, so geschiehet es bloss deswegen, damit in dieser Zeit des medizinischen Revolutionskrieges die Aufmerksamkeit auf Reformen gelenkt werde, deren die Medizin am meisten bedarf und die zur Befœrderung der Humanitæt æusserst wichtig seyn dürften.

Besonders deswegen hoffe ich auch ein Wort zur rechten Zeit geredet zu haben, weil das Bestreben vieler derjenigen, die jetzt an der Vervollkommnerung der Medizin so thætig zu arbeiten glauben, eine Tendenz hat, welche, meiner innigsten Ueberzeugung zufolge, auf Irrwege führen kann und muss.

X

Viele dieser rüstigen Reformatoren scheinen den Standpunkt der Erfahrung, worauf allein für die Medizin etwas Gedeihliches gewirkt werden kann, immer mehr aus den Augen zu verlieren, und indem sie aus lüftigen Regionen transcendentaler Grübeleien eine neue Medizin hervorzuzaubern suchen, so erhalten wir mehr neue Worte und Phrasen, als reelle Verbesserungen und mehr spitzfindige Construkzionen, als erfahrungsgemæsse, brauchbare, neue Ideen. Unter diesen Verhæltnissen schien es mir schicklich zu seyn, die Nothwendigkeit einer Reformazion meinen Zeitgenossen an das Herz zu legen, welche nicht durch eitle Spiele der Phantasie, sondern durch Erfahrungen aller Zeiten begründet ist.

Mannheim, im August 1807.

Inhalt.

I.
Blick auf die Geschichte der Bæder des Alterthums überhaupt.

Ursprung des Gebrauchs der Bæder — Spuren davon in den fabelhaften Perioden der Geschichte — Im Orient waren sie von jeher allgemein eingeführt — Bæder bei den alten Deutschen — Bæder der Griechen. — . . . . . . S. 1

II.
Ueber die Bæder bei den alten Rœmern.

Muthmassungen über den Ursprung des Badegebrauchs bei den alten Rœmern — Einfluss Etruriens und Griechenlands auf die Vervollkommnerung dieses Gebrauches — Einfachheit der Ba-

XIII

deanstalten zur Zeit des Scipio Africanus — mit Einschleichung der Griechischen Ueppigkeit wurden sie nach Griechischem Geschmacke eingerichtet — Einfluss der in Rom lebenden Griechischen Aerzte — zur Zeit des Asklepiades wurden die ersten præchtigen Privatbæder und Thermen erbauet — Ruinen von Privatbædern im jetzigen Rom — Thermen — Zweck derselben — Einrichtung derselben — Beamte — Ruinen von Thermen im jetzigen Rom — Bauart der Thermen — Bestimmuug der verschiedenen Theile derselben — Badeanstalten auf dem Lande und in den Provinzen — Bæder für die auf den Grænzen liegenden Legionen — Ruinen davon bei Neuwied, Schriesheim, Badenweiler, Jagsthausen — Badeanstalten bei warmen und kalten Quellen — Ruinen davon in der Gegend des ehemaligen Baja, in Wisbaden, Badenbaden, Baden in der Schweiz, bei Mehadia in Hungarn — Beschaffenheit der Gewæsser in Rom — Wasserleitungen — Ruinen davon im jetzigen Rom — Innere Einrichtung der Ræmischen Bæder — Luxus in der Bauart der Bæder und ihrer Decorationen — Sonnenbæder — Frictionen beim Baden — Zwecke der Alten beim Badegebrauche — Bæder wegen Reinlichkeit — nach Ermüdung von Arbeiten — zum Vergnügen — Missbrauch der Bæder — Bæder zur Befœrderung der Digestion — Erbrechen in den Bædern — Bæder gehœrten vorzüglich zur Toilette der Ræmischen Weichlinge — Gebrauch der Bæder und Frictionen in hygiastischer und therapeutischer Hinsicht — Wandelbare Anwendung derselben nach Verschie-

denheit der herrschenden medizinischen Systeme —
Gebrauch derselben in einzelnen Krankheiten. S. 5

III.

Ueber den Verfall des Gebrauchs der Bæder.

Allgemeine Betrachtungen — Uebertreibung der Gymnastik und des Badens waren die erste Veranlassung zu ihrem Verfall — Ausartung der Sitten trug dazu bei — In den Griechischen Pflanzstædten in Italien erhielten sich die Thermen am længsten — Einfluss der christlichen Religion auf den Verfall des Badegebrauchs — Zerstœrung der Badeanstalten in Rom durch die Gothen, Vandalen, Heruler und Ostro-Gothen — Die Bæder am Rhein wurden durch Alemannen und Franken zerstœrt — Einfluss des Verfalls der Gelehrsamkeit — Die Bæder kamen zuerst durch die Araber wieder in Aufnahme — Kaiser Carl der Grosse befœrderte den Badegebrauch — Einfluss der Feudalverfassung — Die Klœster trugen zur Erhaltung des Badegebrauchs bei — Einfluss der Kreuzzüge — Ansteckende Krankheiten befœrderten den gænzlichen Verfall der Bæder — Aussichten für die Zukunft. — . . . . . . S. 88

IV.

Ueber die Nothwendigkeit, die œffentlichen Bæder der Alten allgemein wieder einzuführen.

Der Badegebrauch der Alten und der damit verknüpften Frictionen und Leibesübungen darf und kann nur mit den nothwendigen Rücksichten auf den Zustand unserer Cultur und unserer Staatsverfassungen empfohlen werden — Betrachtung dieser Gebræuche der Alten in hygiastischer Hinsicht — Sie dienen zur Erhaltung und Vermehrung der Lebens-Energie — Ueber die Schwæchlichkeit unserer Generazion, insonderheit unter den cultivirten Klassen derselben — Græssere Frequenz von Krankheitsanlagen in unsern Zeiten — Mangel an leichtem, frohem Sinne — Die Wiedereinführung der Bæder der Alten ist Sache der ganzen Menschheit — Einführung derselben in thérapeutischer Hinsicht — Sind besonders in prophylaktischer Hinsicht wichtig — Bestimmung des rechten Moments ærztlicher Thætigkeit — Die Bæder, Frictionen und Leibesübungen als eigentliche klinische Hülfsmittel betrachtet — Extreme der Aerzte in Hinsicht des Heilverfahrens — Schœdlichkeit des Sektengeistes und des blinden Nachbetens — Das Heilverfahren der Alten stimmt mit den neuen Entdeckungen über die Lebenskraft überein — Die Erfahrung spricht dafür — auch der Bau unserer Organisation — Das Hautorgan steht im græssten Conflict mit der æussern

XVI

Welt — Beobachtete Wirkungen œusserer Arzneireitze auf Lungen und Haut — Dynamische Wirkung der Arzneien — Neuere Beobachtungen von Italienischen, Französischen und Deutschen Aerzten — Das Heilverfahren der Alten befœrdert die naturgemæsse Entwickelung und Verbreitung der Wærme, wodurch phthisische Krankheiten verhütet werden — Die Wirkungen davon sind dauerhaft — Annehmlichkeit dabei — Ermunterung den Badegebrauch der Alten und die damit verbundenen Frictionen und Leibesübungen allgemein wieder einzuführen. . . . . . . S. 118

---

gedruckt bei Kaufmann und Friederich.

I.
Blick auf die Geschichte der Bæder des Alterthums überhaupt.

Ursprung des Gebrauchs der Bæder — Spuren davon in den fabelhaften Perioden der Geschichte. — Im Orient waren sie von jeher allgemein eingeführt — Bæder bei den alten Deutschen — Bæder der Griechen. —

Der Ursprung des Gebrauches der Bæder verliert sich in der entferntesten Vorzeit.

Schon in den fabelhaften Perioden der Vœlkergeschichte findet man Spuren davon. Plato versichert, nach Aegyptischen Traditionen, dass auf der grossen Atlantischen Insel, die der Ocean verschlungen haben soll, Bæder von grosser Pracht und mannigfaltiger Einrichtung vorhanden gewesen wæren. Homer besingt sie in seinen Gesængen. In den mythologischen Dichtungen der Alten wird derselben erwæhnt. So sollen, nach Pindar, die Nymphen, nach Pisander, Hercules, und nach Athenæus, Vulcan sie gebraucht haben.

Bei den æltesten Vœlkern, von deren Sitten und Gebræuchen die Geschichte zuverlæssigere Nachrichten aufbewahrt hat, vorzüglich im ganzen Orient, waren sie seit undenklichen Zeiten eingeführt, und durch Religionsgesetze geheiligt. Den Zeugnissen vieler alten Schriftsteller zufolge, wurde bey den Indiern, Persern, Medern, Hæbræern, Aegyptiern, Assyriern, Scythen und den meisten bekannten morgenlændischen Vœlkern durchgængig gebadet. Auch die alten Deutschen hatten, wie Tacitus berichtet, diese Gewohnheit. Sie waren sehr geschickt im Schwimmen, und badeten sich und sogar ihre neugebornen Kinder in den Flüssen.

Bei den alten Griechen waren die Bæder zu allen Zeiten im Gebrauche; vorzüglich wurden sie aber von den Lacedæmoniern geschætzt; welche auch die Anwendung derselben vervollkommneten und allgemein in Aufnahme brachten.

In Hinsicht auf die Gesundheit scheinen sie zuerst in Griechenland nach bestimmten Regeln gebraucht worden zu seyn. Viel mag zur Kenntniss dieser Regeln die eingeführt gewesene Volkserziehung durch œffentliche Spiele und Leibesübungen beigetragen haben. Aber noch mehr wirkte dazu der Karakter der Griechischen Cultur. Der Geist der Beobachtung und die Neigung zur wissenschaftlichen Zusammenstellung des Beobachteten, welche dieses scharfsinnige Volk belebten, erhoben die vormals regellose Anwendung der Bæder zu einer Kunst, und wirkten hierdurch für alle Zeiten.

Herodikus, der kurz vor dem Peloponnesischen Kriege lebte, soll sie zuerst, in Verbindung mit kunstmæssigen Frictionen, zur Erhaltung, Stærkung und Herstellung der Gesundheit angerathen haben. Beim Hippokrates (einem Schüler desselben) findet man die ersten umstændlichen, unter wissenschaftlichen Gesichtspunkten geordneten Notizen über ihren Nutzen und Nachtheil, sowohl in hygiastischer als therapeutischer Hinsicht, welche der Nachkommenschaft als Grundlage der Balneotechnik gedient haben.

II.

Ueber die Bæder bei den alten Rœmern.

Muthmassungen über den Ursprung des Badegebrauches bei den alten Rœmern — Einfluss Etruriens und Griechenlands auf die Vervollkommnerung dieses Gebrauches — Einfachheit der Badeanstalten zur Zeit des Scipio Africanus — mit Einschleichung der Griechischen Ueppigkeit wurden sie nach Griechischem Geschmacke eingerichtet — Einfluss der in Rom lebenden Griechischen Aerzte — zur Zeit des Asklepiades wurden die ersten præchtigen Privatbæder und Thermen erbauet — Ruinen von Privatbædern im jetzigen Rom — Thermen — Zweck derselben — Einrichtung derselben — Beamte — Ruinen von Thermen im jetzigen Rom — Bauart der Thermen — Bestimmung der verschiedenen Theile derselben — Badeanstalten auf dem Lande und in den Provinzen — Bæder für die auf den Grænzen liegenden Legionen — Ruinen davon bei Neuwied, Schriesheim, Badenweiler, Jagsthausen —

Badeanstalten bei warmen und kalten Quellen — Ruinen davon in der Gegend des ehemaligen Baja, in Wisbaden, Badenbaden, Baden in der Schweiz, bei Mehadia in Hungarn — Beschaffenheit der Gewæsser in Rom — Wasserleitungen — Ruinen davon im jetzigen Rom — innere Einrichtung der Rœmischen Bæder — Luxus in der Bauart der Bæder und ihrer Decorationen — Sonnenbæder — Frictionen beim Baden — Zwecke der Alten beim Badegebrauche — Bæder wegen Reinlichkeit — nach Ermüdung von Arbeiten — zum Vergnügen — Missbrauch der Bæder — Bæder zur Befœrderung der Digestion — Erbrechen in den Bædern — Bæder gehœrten vorzüglich zur Toilette der Rœmischen Weichlinge — Gebrauch der Bæder und Frictionen in hygiastischer und therapeutischer Hinsicht — Wandelbare Anwendung derselben nach Verschiedenheit der herrschenden medizinischen Systeme — Gebrauch derselben in einzelnen Krankheiten.

Dem ältern Plinius zufolge waren die Bæder von den frühesten Zeiten her im Rœmischen Staate eingeführt. Hierüber darf man sich nicht wundern, da Rom ursprünglich eine Lateinische Colonie von Alba-Longa war, und da überhaupt in dieser Gegend von Italien frühe Keime von Cultur durch ältere Vœlkerwanderungen waren ausgestreuet worden. *) Auch ist es mir hœchst wahrscheinlich: dass die benachbarten Etrusker **) und Volsker, welche zur frühesten Bildung Roms in jeder Hinsicht so viel beitrugen, zur Einführung des Gebrauchs der Bæder mitgewirkt haben.

Anfangs, als die Rœmer noch ein rohes Volk waren und aus einem Haufen zusammengelaufener Missethæter, Sklaven und Abenteuerer bestanden, badeten sie wohl

---

*) Stæmme von Iberiern, Galliern, Pelasgern, und spæterhin von Griechen sollen sich daselbst angesiedelt haben.

**) Dies ist mir sowohl deswegen glaublich, weil, der Geschichte zufolge, die uralten Bewohner Etruriens sich der Bæder bei ihren Religionsgebræuchen und der Reinlichkeit wegen bedient haben sollen, als auch weil ich auf meiner Reise durch Toskana, am Fusse des Berges Zonaliro, bei den warmen Quellen von San Filippo, Ruinen von Badegebæuden gefunden habe, die aus dem hœchsten Alterthume seyn müssen: sie bestanden aus Mauerwerken, die man in Rom opus reticulatum zu nennen pflegt, und welche nur bei den Ruinen aus den frühesten Zeiten bemerkt werden.

sehr einfach, wahrscheinlich meistens in der Tiber, und übten sich im Schwimmen.

Erst im Anfange des zweiten Jahrhunderts nach Erbauung Roms, als die Künste Etruriens und Griechenlands ihren Sitten einige Verfeinerung gegeben, scheinen die Rœmer eigentliche Badeanstalten gehabt zu haben. Hœchst wahrscheinlich wurden sie seit der Regierung des Kœnigs Lucius Tarquinius Priscus eingeführt, der bekanntlich aus Korinth gebürtig, und in Etrurien erzogen worden; wenigstens ist es zuverlæssig, dass er zuerst viele auf gymnastische Uebung Bezug habende Anordnungen traf.

Noch bekannter wurden die Rœmer wohl mit den Griechischen Badeanstalten, als sie ihre Eroberungskriege im fünften Jahrhunderte nach Erbauung ihrer Hauptstadt im südlichen Italien führten. Vielleicht haben sie daselbst in den Griechischen Pflanzstædten, besonders im üppigen Tarent, oder im Kriege gegen Pyrrhus die Griechischen Badegebræuche zuerst bemerkt. So viel ist gewiss, dass von dieser Zeit an, die Griechische Cultur mehr Einfluss auf die Rœmische bekommen hat. Zwar ahmten die damaligen Rœmer diejenigen Griechischen Künste und Gebræuche noch nicht nach, welche ihrer frugalen, strengen Lebensart, ihrer enthusiastischen Vaterlandsliebe und ihrer mannhaften Besiegung unedler Leidenschaften zuwider waren. Und, obgleich wæhrend der ersten Punischen Kriege die Rœmischen Legionen zuerst aus Italien geführt wurden, und hæufige Gelegenheiten hatten, die Sitten des Orients und der Griechen in der Næhe zu sehen, so scheinen überhaupt die fremden Sitten keinen grossen Eindruck gemacht zu haben. Damals hat die Ueppigkeit der Griechen, wenigstens in Hinsicht der Badeanstalten noch keinen Eingang gefunden. Seneca ertheilt uns hierüber sehr interessante Aufschlüsse. Er erzæhlt: dass er sich einst in der Villa des Scipio Africanus bei Linternum in Campanien aufgehalten, und daselbst unter andern Betrachtungen, auch Vergleichungen der Sitten seiner Zeitgenossen mit denen der Vorfahren angestellt habe: vorzüglich wære ihm die einfache Einrichtung des Bades des vormaligen Besizzers der Villa aufgefallen, worüber er sich folgendermassen auslæsst: »In einem solchen Winkel badete sich der Mann, der Karthago's Schrecken war, und dem es Rom zu danken hat, dass es nur Einmal erobert worden ist; hier wusch er seinen, von lændlichen Arbeiten ermüdeten Kœrper; denn er übte sich in der Feldarbeit, und pflügte das Land selbst nach der Gewohnheit der Alten. Unter diesem so schlechten Dache stand er; dieser so wenig kostbare Fussboden unterstützte seine Füsse. Wer würde sich jetzt wohl in einem solchen Bade waschen wollen?« — Wæhrend des dritten Punischen Krieges, und nach der Zerstœrung Karthago's verloren sich allmæhlig die einfachen Rœmersitten und die verfeinerten Griechischen schlichen sich dagegen ein. So wie die Griechische Ueppigkeit die Denkungsart und Lebensweise ænderte, so scheint sie auch auf die Badeanstalten gewirkt zu haben, welche allmæhlig nach Griechischem Geschmacke eingerichtet wurden.

Am meisten haben die in Rom lebenden Griechischen Aerzte zur Einführung der Griechischen Badeanstalten beigetragen. Da die ersten Griechischen Aerzte in Rom, welche Kriegesgefangene oder gekaufte Sklaven waren und wahrscheinlich Unterbeamte oder Aufwærter in den Gymnasien ihres Vaterlandes gewesen, ausser einigen mechanischen Handgriffen von dem eigentlichen kunstgemæssen Badegebrauch wenig Kenntnisse hatten: so konnten sie auf die Vervollkommnerung der Rœmischen Bæder keinen grossen Einfluss haben. Aber wenn auch (wie daran wohl nicht zu zweifeln ist) einige darunter philosophische und theoretische medizinische Bildung besassen: so waren die Rœmer noch nicht dafür empfænglich. Spæterhin als sie das Bedürfniss fühlten unterrichtete Aerzte zu haben, und diejenigen unter den Sklaven, die durch Talente sich auszeichneten, zu Freygelassenen machten, und ihnen Belohnungen ertheilten, kam der kunstgemæsse Badegebrauch immer mehr in Ansehen.

Ungefæhr zweihundert Jahre vor Christi Geburt fingen sie zuerst an Griechischen Aerzten das Bürgerrecht zu ertheilen. *)

---

*) Der erste Griechische Arzt der das Bürgerrecht erhielt war Archagatus, welcher zur Zeit der Consuln L. Emilius und M. Civius nach Rom kam.

Von der Zeit an waren unter den Griechen die, um ihr Glück zu machen, nach Rom kamen, viele praktische Aerzte, welche in nicht geringen Ansehen standen; so, dass, als einst Julius Cæsar alle Griechen aus Italien verweisen liess, sie allein ausgenommen waren. Dass unter diesen Verhæltnissen immer mehrere gebildete Griechische Aerzte ihr Glück in Rom versuchten und dass durch diese der kunstgemæsse Badegebrauch ihres Vaterlandes immer bekannter wurde, darüber kann man sich nicht wundern.

Ungefæhr hundert Jahre vor unserer Zeitrechnung waren mit dem Fortgange der Cultur die Griechischen Aerzte den Rœmern unentbehrlich geworden, und als Asklepiades aus Prusien in Bithynien durch mancherlei, dem Geiste der Zeit angemessene grœbere und feinere Charlatanerien, allgemein beliebter Modearzt in Rom geworden war, standen sie daselbst in demselben Ansehen als in ihrem Vaterlande.

Zu dieser Zeit waren die Rœmer schon ganz ausgeartet. Die ungeheuern im Morgenlande eroberten Schætze hatten die ausschweifendste Ueppigkeit veranlasst; so dass alle luxuriœse Verfeinerungen leicht Eingang fanden.

Obgleich Asklepiades in seiner medizinischen Theorie fast ganz vom Hippokrates und andern ældern Griechischen Aerzten abwich: so behielt er, ohne sich doch pedantisch daran zu binden, im Allgemeinen ihre Grundsætze in Hinsicht auf den diætetischen und klinischen Gebrauch der Bæder bei, und vervollkommnete ihn durch mancherlei Erfindungen.

Zu jener Zeit wurden die ersten præchtigen Privatbæder und œffentlichen Thermen erbauet und man suchte darin wie in andern Verhæltnissen der üppigen Lebensart den Griechen, Aegyptiern *) und anderen morgenlændischen Vœlkern immer mehr gleich zu kommen. Unter den ersten Rœmischen Kaisern bis zur Zeit des Kaisers Constantin des Grossen blieb der Gebrauch der Bæder und der damit verbundenen Frictionen

---

*) Nach Alexanders des Grossen Zeiten war Aegypten das vorzüglichste Land worin die Griechischen Verfeinerungen mit morgenlændischer Ueppigkeit wetteiferten.

allgemeine Volkssitte, und die meisten Privatbæder und Thermen wurden damals erbauet.

Noch jetzt sieht man in Rom Ruinen von Badeanstalten, die durch Grœsse und Erhabenheit Erstaunen erregen.

So sah ich auf dem Palatinischen Hügel, unter andern merkwürdigen Trümmern der Vorzeit, in einem Souterræn die Bæder des Pallastes der alten Cesaren, worin noch einige schœne Rotunden, ein Saal und mehrere Zimmer, in deren viereckigen Nischen Badewannen standen, von der Zeit verschont worden sind. Auch von den Bædern, die **August** für seine Gemahlinn **Livia** gebauet haben soll, sind noch einige Zimmer vorhanden, an deren Wænden ich deutlich geschmackvolle Arabesken und kleine Gemælde wahrnehmen konnte.

Ausser den Privatbædern, deren in Rom zur Zeit der Cesaren achthundert und sechzig existirten, waren damals zwœlf œffentliche Bæder und in allen Thermen Badeanstalten von erhabener Bauart und mit Allem versehen, was Luxus und der Geschmack jenes Zeitalters forderten.

Diese Thermen, die Anfangs Gymnasien

hiessen, deren zur Zeit der Kaiser ungefæhr zwanzig in Rom existirten, waren eine Nachahmung der Griechischen Institute dieser Art, und, ihrem ursprünglichen Zwecke zufolge, zur Cultur des Geistes und zu Leibesübungen bestimmt. Hier hatten Redner, Philosophen, Dichter, und andere Gelehrte eigene Versammlungssæle, Bibliotheken, gegen jede Witterung geschützte Hallen, anmuthige Lusthaine und mit hohen Platanen *) bepflanzte Spaziergænge. Hier waren Plætze, wo sich Knaben Leibesübungen machten, (Ephebea) Plætze zum Wettrennen, zum Ringen, zum Ballspiel, zum Werfen der Scheibe (Discus) und Teiche zum Schwimmen (Piscinae). Die darin vorhandenen Bæder waren von mancherlei Art: laue, warme, kalte Wannenbæder, heisse Dunstbæder u. s. w.

---

*) Es war der Platanus orientalis, der in Persien einheimisch ist. Die Rœmer erhielten ihn wahrscheinlich zuerst von den Griechen, die ihn sorgfæltig anpflanzten. Er kommt in gemæssigten Klimaten, in morastigen Gegenden recht gut fort und verbreitet einen angenehmen balsamischen Geruch.

Ausserdem waren noch Zimmer zu besondern Zwecken bestimmt z. B. die Salbestube und das Conisterium, worin die Ringer sich salbten, mit Staub bewarfen u. s. w. ferner Gebæude zu Wohnungen für Aufseher, worunter der **Gymnasiarch**, der **Palæstrophylax**, der **Agonistarch**, der **Gymnast** und der **Pædotriba** die vorzüglichsten waren. Die Gymnasiarchen waren die ersten Beamte, standen in dem grœssten Ansehen und entschieden in zweifelhaften Fællen als Richter. Der Palæstrophylax scheint die Aufsicht über die Gebæude und Oekonomie, und der Agonistarch über die athletischen Uebungen geführt zu haben. Der Gymnast und der Pædotriba scheinen in den frühesten Zeiten sehr untergeordnete Geschæfte gehabt und sich damals vorzüglich mit der Anordnung der palæstrischen Uebungen und dem Einsalben abgegeben zu haben. Man nannte sie auch Alipten oder Jatralipten, weil sie sich auch mit der Ausübung der Arzneikunst abgaben. In spætern Zeiten, besonders nachdem die Medizin mit der Gymnastik verbunden worden, waren sowohl der Gymnast als der Pædotriba Mænner von Kenntnissen, die der verderblichen athletischen Lebensart keinen Beifall gaben, die Leibesübungen und die Bæder nach ihren Verhæltnissen mit der Gesundheit beurtheilen und einem Jeden das richtige Maas und die Arten derselben vorschrieben. *) Deswegen rechneten es sich auch grosse Aerzte zur Ehre, die Aufsicht über die Leibesübungen und die Bæder

---

*) Es gibt Schriftsteller, welche den Gymnasten und den Pædotriba für sehr untergeordnete Aufseher erklæren und letztern als einen Handlanger bei niedrigen Geschæften schildern. Das Gegentheil davon erhellet aus einer Stelle im Galen (L. II. de tuenda valetudine cap. 2) wo er von diesen beiden Beamten gründliche Kenntnisse in der Medicin und in der Anordnung der Leibesübungen verlangt. Plato hatte (Lib. XI. de legibus) für beide gleiche Achtung, und nannte (Lib. II. de Republica) Herodicus einen Pædotriba. Bekanntlich theilt dieser gelehrte Arzt und Sophist mit dem Ikkus das Verdienst der Erfindung der medizinischen Gymnastik. Letzterer lebte früher als Ersterer, suchte die ausschweifende Lebensart der Athleten einzuschrænken und dagegen Mæssigkeit in Leibesübungen und dem ganzen diætetischen Verhalten einzuführen.

(2)

in den Gymnasien führen zu dürfen; wie dies mit dem Galen der Fall war. Die Alipten und die ihnen untergeordneten Einreiber (Frictores) waren zu diesen Zeiten besondere niedrigere Beamte. Ausser diesen Beamten waren noch eine Menge von Aufwærtern, meistens aus Sklaven bestehend, in den Bædern z. B. diejenige, die die Kleidungen bewachten, Ofenheitzer, Badbereiter, die, welche kaltes oder warmes Wasser über den Kœrper schütteten u. s. w.

Noch erheben sich stolz die Rudera der ungeheuern Mauern von diesen, einst zur Vervollkommnerung des Menschen bestimmten, Gebæuden.

So erblickt man nicht weit vom Pantheon die Ueberreste von den Thermen, die Augusts Schwiegersohn Agrippa *) dem Rœmischen Volke vermachte. Mir ist es

---

*) Er war in einem niedrigen Stande, aber mit einer grossen Scele geboren und wurde wæhrend der bürgerlichen Kriege einer der mæchtigsten Männer seiner Zeit. Rom hatte, dem Seneca zufolge, ihm seine præchtigsten, damals existirenden œffentlichen Gebæude zu verdanken, worunter auch

nicht unwahrscheinlich, dass das Pantheon einen Theil dieser Bæder ausgemacht habe, und dass die Meinung derer, die es für einen, dem ræchendem Jupiter und allen Gœttern gewidmeten, Tempel ausgeben, noch manchen Zweifeln unterworfen sey. Wenigstens hat es in Hinsicht der Grœsse und der Form gar keine Aehnlichkeit mit den andern Tempeln, deren Ruinen ich in Rom gesehen habe.

Der Pallast Rospigliosi ist auf den Trümmern der Thermen des Constantins gebauet, worin man die Meisterstücke des Phidias und Praxiteles, die Gruppen der Pferdebændiger gefunden hat, die jetzt Frankreichs Hauptstadt zieren, aber bei meiner Anwesenheit in Rom noch am Eingange des Pæbstlichen Sommerpallastes auf dem Quirinalischem Hügel standen; woher der Name Monte-Cavallo in Gebrauch gekommen ist.

Nicht weit vom jetzigen Thore San Se-

---

das Pantheon war. Uebrigens machten mehrere reiche Privatpersonen dergleichen Stiftungen; wie dies aus Inschriften erhellet, die Gruter gesammelt hat.

bastiano am Fusse des Aventinischen Hügels sah ich mit Bewunderung die ungeheuern Ueberreste von den Thermen des Carracalla. Sie gleichen den Ruinen von einer ganzen zerstœrten Stadt. In den darin befindlich gewesenen Bædern konnten über drei tausend Menschen zu gleicher Zeit baden. Sie sollen mit zweihundert marmornen Sæulen und sechszehnhundert marmornen Bænken zum Sitzen geziert gewesen seyn. Indess ist von den Bædern selbst sehr wenig mehr zu sehen, weil sie im untersten Stockwerke waren, welches durch die Længe der Zeit ganz verschüttet worden ist. Hœchst wahrscheinlich war in diesen Thermen ein præchtiger dem Herkules geweihter Tempel; indem nicht weit von den Ruinen die Farnesische Familie die bekannte Statue dieses Heroen mit vielen, auf palæstrischen Uebungen Bezug habenden, Inschriften hat ausgraben lassen.

Von ausserordentlicher Grœsse müssen die Thermen des Diocletian gewesen seyn. In ihren Ruinen ist ein Karthæuserkloster aufgeführt. Man hat dazu die alten Mauern benutzt; weswegen es auch von unregelmæssiger Form ist. Der vormalige im erhabenen Styl erbaute Saal der Bæder ist jetzt zum Schiff der Kirche umgeændert und der Teich, worin einst Rœmer sich im Schwimmen übten, ist jetzt ein grosser Garten, worin Karthæusermœnche lustwandeln. Auch ein Theil der Villa Negroni und viele umliegende Gebæude mit ihren Gærten stehen an der Stelle dieser Thermen, an deren Erbauung vierzigtausend Christen geholfen haben sollen.

Von den Thermen des Titus sah ich in dem Garten des Klosters San Pietro in vinculis noch sieben Zimmer, die unter dem Namen le sette Sale bekannt sind. Auf den Wænden bemerkte ich viele Mahlereyen von grœster Schœnheit, und auf den gewœlbten Zimmerdecken hœchst abenteuerliche Arabesken. *) Der Fussboden, der sich gut erhalten hat, ist in Mosaik ausgelegt. **) Aus den umherlie-

---

*) Im Grossherzoglichen Antikencabinett zu Mannheim sind zwey ziemlich grosse Stücke davon, welche der Pabst Clemens der vierzehnte dem Kurfürsten Carl Theodor zum Geschenke gemacht hat.

**) Von der Schœnheit und dem Geschmacke dieser Mahlereyen gibt ein Prachtwerk deutliche

genden Trümmern ist zu schliessen: dass sie andern an Grœsse nichts nachgegeben haben. Wie præchtig ihre Einrichtung gewesen seyn muss, erhellt schon daraus: dass das vollkommenste, uns bekannte Werk der plastischen Kunst der Alten, die berühmte, jetzt im Museum des grossen Napoleon in Paris befindliche, Gruppe des Laokoons darin gefunden worden ist.

Ausser diesen siehet man noch viele andere Ueberreste von zerstœrten Thermen, die einen Jeden mit Ehrfurcht für die alten Rœmer und ihre Gymnastik erfüllen müssen.

Die Thermen scheinen nicht immer von gleicher Bauart gewesen zu seyn, wie dies

---

Begriffe. Es kam 1787 in Paris mit vielen unter der Direction des Herrn Ponce gestochenen Kupfern unter folgendem Titel heraus:

Descriptions des bains de Titus, ou collection des peintures trouvées dans les ruines des thermes de cet Empereur; avec un avant-propos et un texte explicatif des planches. Ouvrage divisé en trois Livraisons.

jeder aufmerksame Beobachter aus den Ruinen ersehen wird.

Indess waren sie alle mit einer hohen im Viereck gebauten Mauer umgeben, worin zwei, einen Cirkel beschreibende, Mauern drei unterschiedene Abtheilungen bildeten. Die æussere Abtheilung war zu mannigfaltigen Leibesübungen und die mittlere zu Spaziergængen bestimmt. In der Mitte war das eigentliche Gebæude der Thermen, welches mehrere Eingænge hatte. Der nach der Mittagsseite gekehrte Eingang hiess Theatridium. Hier waren Stufen, worauf das Volk, insonderheit die Patricier, sitzend den Spielen und Uebungen zusahen. Diese Stufen gingen um das ganze Gebæude her, so dass man darauf zur Salbestube, zum Conisterium, zu den Bædern, zur Palæstra gehen konnte. Meistens führte ein Sæulengang zum Sphæristerium. Auch war ein Zimmer da, worin Erfrischungen zu haben waren.

Die gegen Norden liegende Seite der Thermen war zum Aufenthalte der Philosophen, Gelehrten und Künstler aller Art bestimmt. Hier herrschte Stille, hier waren schattige Plætze, Terrassen mit duftenden Blumenbeeten, gegen jede Witterung geschützte, Gallerien, *) Springbrunnen und mancherlei andere zum Nachdenken einladende Ein-

---

*) Von der Bauart dieser, unter dem Namen Porticus bekannten, Gallerien haben Vitruv und Columella Nachrichten hinterlassen. Sie waren auf alle Jahreszeiten berechnet. Sogar gab es unterirdische, um bei schwülen Sommertagen Kühlung zu verschaffen. Es gab deren nicht bloss in den Thermen, sondern auch in den Pallæsten und besonders auf den Landgütern der Grossen und waren mit den im Morgenlande erbeuteten Kunstschætzen geschmackvoll ausgeziert. Auch waren sie hæufig zur Aufbewahrung von Trophæen bestimmt. So prangte z. B. der Porticus des Catulus mit der, den Cimbern abgenommenen, Beute. Andere waren mit Mahlereyen ausgeschmückt, welche Bezug auf merkwürdige Feldzüge hatten. Der dem Neptun geweihte Porticus des Agrippa enthielt die Darstellung der Geschichte der Argonauten, und sollte das Andenken an dessen gewonnene Seeschlachten erneuern. Sie scheinen den Vornehmen zur Zeit der Ausartung der Rœmer zum vorzüglichsten und vielleicht bei vielen Weichlingen zum einzigsten

richtungen. Wahrscheinlich sind auch in den meisten Thermen Bibliotheken gewesen. *) Von denjenigen des Diocletian weiss man es mit Zuverlæssigkeit, indem er die vom Kaiser Ulpius Trajanus angelegte Büchersammlung aus dem Tempel des Friedens dahin bringen liess. In dieser Abtheilung der Thermen trafen diejenigen zusammen, die stille Vergnügungen liebten.

Spaziergange gedient zu haben. Horaz schildert mit sarkastischer Laune in der fünfzehnten Ode des zweiten Buches den Uebermuth seiner Zeitgenossen in dieser Hinsicht.

*) Reiche Privatpersonen hatten in den an ihren Pallæsten stossenden Gallerien oder in dabei liegenden Gemæchern grosse Sammlungen von den ausgesuchtesten Manuscripten, die dem gebildeten Publikum zu benutzen erlaubt waren. Der reiche Lucullus zeichnete sich hierin vorzüglich aus. Seine præchtigen Gallerien und die darin befindliche Bibliothek waren der Sammelplatz der Verehrer der Musenkünste; insonderheit aber der damals in Rom lebenden Griechen, denen überhaupt sein Pallast offen stand, und die er auf jede Weise grossmüthig protegirte.

Hier unterhielten sich Gelehrte, lasen, oder machten auch wohl eigne Ausarbeitungen. Dichter declamirten ihre Gedichte vor, und quælten, wie Juvenal in seiner ersten Satyre versichert, oft unbarmherzig die Ohren der Anwesenden.

Von hier konnte man auch durch die Platanen-Allee zur Piscina, zu den Gesellschaftssælen der Jugend, zu dem Restaurationssale und zu den Bædern gelangen.

Die Seiten der Thermen, die gegen Morgen und Abend lagen, waren vorzüglich zu gymnastischen Leibesübungen bestimmt. Man fand daselbst grosse freye Plætze, im Halbzirkel gebauete Amphitheater für Zuschauer und die für die Athleten bestimmten Sæle und Sæulengange. Noch sollen mehrere Zimmer zu Tanz- und Musikübungen gedient haben, worüber aber die Alterthumsforscher nicht einig sind.

Nicht bloss in Rom waren unzæhlige Badeanstalten, sondern auch auf Dœrfern gab es œffentliche- und Privatbæder. So erzæhlt der jüngere Plinius: dass in einem Dorfe nahe bei seinem Landgute drei œffentliche Bæder gewesen, und er sah es als eine grosse Bequemlichkeit für den Fall an, wenn er unerwartet nach diesem Landgute kommen sollte, oder nur einen kurzen Aufenthalt daselbst hætte machen wollen: weil alsdann keine Zeit gewesen wære, seine eignen Bæder zubereiten zu lassen.

Es scheint sogar Rechtskræftig gewesen zu seyn: dass man auf einem gemietheten Landgute wenigstens ein Dunstbad von dem Eigenthümer fordern durfte. *)

Der Gebrauch der Bæder war in allen Provinzen des weiten Rœmischen Reiches eingeführt. Sogar die auf den Grænzen in Garnison liegenden Rœmischen Legionen konnten Bæder und Gymnasien nicht entbehren. Dies beweisen hœchst merkwürdige Ueberbleibsel bei dem bekannten vallo Hadriani, welches gegen die vormals unbezwingbaren Deutschen aufgeführt worden. Nicht weit von Neuwied sah ich bei dem

---

*) Ulpian sagt in den Pandekten: Quum Aurelius Quietus hospiti suo medico mandasse diceretur ut in hortis ejus, quos Ravennæ habebat, in quos omnibus annis secedere solebat, sphaeristerium et hypocausta et quaedam ipsius valetudini apta sua impensa faceret.

romantisch liegenden Dorfe Nieder-Bieber weitlæuftige Ruinen von einem Rœmischen Castell, *) worin, nach dem Stempel der Ziegelsteine zu urtheilen, die vierte Cohorte der Vindelicier in Garnison gewesen war. Unter diesen Trümmern der Vorzeit, die das Interesse vermehren, was diese zauberisch reitzende Gegend des Rheinstroms für Liebhaber der schœnen Natur hat, findet man Einige, die es hœchst wahrscheinlich machen: dass daselbst vormals ein Bad gewesen ist. **)

Mit mehr Zuverlæssigkeit kann man be-

---

*) Drusus hat, dem Zeugnisse des Florus zufolge, allein fünfzig solche Castelle oder Verschanzungen an den Ufern des Rheins anlegen lassen.

**) Der Ingenieur-Lieutnant Hoffmann in Neuwied hat in einer Beilage zu Nro 46 der dortigen wœchentlichen Nachrichten vom Jahre 1802 hierüber hœchst interressante Notizen bekannt gemacht. Man fand daselbst mehrere Statuen, Münzen von den ersten Cesaren bis zum Kaiser Galienus und andere Alterthümer, die in dem Cabinette der trefflichen, Wissenschaften und Künste liebenden, Fürstin von Neuwied aufbewahret werden.

haupten: dass bei Schriesheim im Grossherzoglich Badischen Oberamte Heidelberg ein Rœmisches Bad gewesen seyn müsse, indem noch Ueberreste von einem Laconicum daselbst zu sehen sind. *) Eine sehr grosse Anzahl von Wasserkrügen, die aus dem Schutte herausgegraben worden, findet man im Grossherzoglichen Antikenkabinet in Mannheim. In einer andern Gegend des

---

*) Der Kurfürst Carl Theodor hat sie mit einem acht und fünfzig Rheinische Schuh langen und sechs und zwanzig Schuh breiten Gebæude bedekken und über dem Eingange folgende Inschrift setzen lassen:

Balneorum Romanorum Fundamenta summis auspiciis Caroli Theodori Principis Elect. eruta partimque tecto muroque hoc munita partim uti fuerant defossa. An. MDCCLXVI.

Dieses Gebæude ist aber in dem letzten Kriege, so wie ein Theil der Rœmischen Ruinen zerstœret worden.

Man findet über diese wahrscheinlich im zweiten oder dritten Jahrhundert erbaueten Bæder gelehrte Untersuchungen von dem Prælaten Hæfelin in Act. Acad. Palat. T. II. p. 107 et T. III. 24.

Grossherzoglich - Badischen Landes, bei Badenweiler, sind hœchst merkwürdige, gut erhaltene Ruinen von Rœmischen Bædern vor ungefæhr zwanzig Jahren entdeckt worden, wovon der Grossherzogliche Herr Geheime Rath von Preuschen eine sehr interessante Beschreibung geliefert hat. *)

Auch bei Jagsthausen, einem dem alten, tapfern Rittergeschlechte von Berlichingen gehœrigen Dorfe, hat man mehrere Ueberbleibsel von Rœmischen Castellen, auch grosse Badezimmer, vorzüglich aber ein Laconicum mit darunter befindlichem Hypocaustum und darin viel Kohlen und Asche entdeckt; wovon Hanselmann **) umständliche Nachrichten aufgezeichnet hat.

---

*) In seiner trefflichen Schrift unter dem Titel: Denkmæler von alten physischen und politischen Revolutionen in Deutschland, besonders in den Rheingegenden. Frankfurt am Main 1787. 8.

**) Beweis, wie weit der Rœmer Macht in den mit verschiedenen Teutschen Vœlkern geführten Kriegen, auch in die nunmehrige Ost-Frænkische, sonderlich Hohenlohische Lande eingedrungen, dargestellt aus denen in solchen Lændern noch vorhan-

Bei dieser im Rœmischen Reiche allgemein verbreiteten Werthschætzung der Bæder kann man sich nicht wundern, dass warme und kalte Quellen Aufmerksamkeit erregten. Erstere wurden aus Mangel an physischen Kenntnissen sogar als übernatürliche Ereignisse angestaunt, als heilig angesehen und Gœttlichen Ursprunges gehalten. Um sie zu benutzen, führten sie Gebæude dabei auf.

Noch siehet man in der Gegend des ehmals so berühmten Baja, zwischen dem erloschenen Vulkane Solfaterra und dem mittellændischen Meere unter andern Denkmælern Rœmischer Pracht und Ueppigkeit, Ruinen von dergleichen Badeanstalten, besonders

---

denen seit einiger Zeit weiter entdeckten, bisher noch nicht bekannt gewesenen merkwürdigen Rœmischen Monumenten und andern Ueberbleibseln; nebst einer historischen Beschreibung der unterschiedlichen Teutschen Vœlker, als gewesenen Inwohner jetzt gedachter Landen selbiger Zeit bis nach der Ankunft der Franken. Mit XVI Kupfertafeln und einem Realregister. Schwæbisch-Hall, Fol. 1768. S. 74 bis 77.

von denen, die ehmals nach dem Kaiser Nero benannt wurden. Zwar hat die Alles zerstœrende Zeit das Interessanteste davon entzogen, nemlich die darin befindlich gewesenen Statuen, welche als Sinnbilder auf darin geheilet gewordene Krankheiten deuteten. Was sie verschont hat, sind fünf Wannen, einige Hœhlungen und lange Gænge, in deren Einem eine Gallerie mit einer Stube befindlich ist, worin noch jetzt Kranke, die an der Gicht und an Hautausschlægen leiden, durch den emporsteigenden Dampf hæufig geheilet werden. *)

---

*) Die heissen Wasser, die diese Dæmpfe erzeugen, sollen sich unter der Ebene beim Solfaterra weit verbreiten. Auch entspringt daher die Quelle Piscarelli, deren Dæmpfe, Cirillo's Versuchen zufolge, 101 Grad des Fahrenheitischen Thermometers heiss sind. Aehnliche aus der Erde hervordringende heisse Dæmpfe sah ich bei den Bædern di San Vignone unweit des Flusses Orcia in einer wilden Berggegend, bei den Bædern von San Filippo 37 Italienische Meilen von Siena, bei den Leuker Bædern im Walliserlande und an andern Orten. Man findet dergleichen auf der Insel Ischia, die der be-

Auch bei kalten Quellen waren damals Badeanstalten errichtet; worunter diejenigen bei Clusium und Gabii berühmt waren, die auch Horaz gebraucht hat; wie dies aus dessen Briefe an Numonius Vala erhellet.

---

rühmte Marcard beschrieben im ehemaligen Auvergne im südlichen Frankreich, unweit Kislar im Asiatischen Russlande, aber fast immer nur in Gegenden, wo Spuren vormaliger Vulkane sind. Ich möchte aber deswegen nicht mit einigen ältern und neuern Naturforschern behaupten: dass unterirdisches Feuer die Ursache der Wærme der natürlichen Wasserdæmpfe sey: sondern ich fühle das Gewicht der Gründe, wodurch zuerst Lister, nach ihm vorzüglich der ältere Lemery und der Wittenbergische Lehrer Berger, auch kürzlich der Fürst Golützün und Doctor Kortum auf eine lehrreiche und überzeugende Art, es hœchst wahrscheinlich gemacht haben: dass Lagen von Schwefelkiesen sowohl an der Hitze solcher Dæmpfe, als an den Vulcanischen Ausbrüchen schuld sind. (Ich brauche wohl nicht zu erinnern dass die natürlichen Dæmpfe wovon die Rede ist, die öft mit hepatischem

Die warmen Qnellen die sie in den eroberten Provinzen fanden, schætzten sie ausserordentlich und benutzten sie auf das zweckmæssigste. Deswegen rühren auch die ersten Nachrichten über die warmen Quellen am Rheinstrome von Rœmischen Schriftstellern her.

Gas geschwængert sind, weder mit trocknen vulkanischen Dünsten noch mit den sogenannten Mofeten, wie in der Grotta del Cane nahe beim See Agagno und in der Næhe des Embser Bades befindlich sind, verwechselt werden müssen welche letztere grœssten Theils aus kohlensaucrm Gase bestehen und selten sich mehr als einige Fuss über die Erde erheben.) Man kann solche Dæmpfe als Anzeigen vormaliger oder zukünftiger Erdrevolutionen ansehen; wenigstens ist es gewiss, dass ohne den Beitritt des Wassers und der Luft die Schwefelkiese sich nicht entzünden kœnnen, daher bei Eruptionen der Vulkane zuerst heisses Wasser und Schlamm ausgeworfen werden, wie man dies beim Ausbruche des Montenuovo bei Neapel beobachtet hat. Aus derselben Ursache findet man immer die Vulkane in der Næhe des Meeres oder grosser Flüsse und oft grosse Seen an der Stelle ehemaliger Vulkane.

Dem **Plinius** und **Tacitus** zufolge kannten und benutzten die Rœmer die warmen Quellen im jetzigen Wisbaden und in Baden-Baden. Bei letztern sind noch Ueberbleibsel von einem Laconicum im Garten der dortigen Stiftskirche.

In vielen andern Gegenden, wohin die Rœmischen Legionen vorgedrungen sind, findet man Beweise von dem Werthe den sie auf warme Quellen setzten.

Ehrwürdige von der Zeit verschont gebliebene Ruinen sah ich z. B. in Baden in der Schweiz, wo vormals bei den warmen Quellen præchtige Gebæude gestanden haben müssen.

In Paris findet man in der Vorstadt St. Jacob in der Strasse La Harpe hinter dem Hause No. 314 eine Terrasse mit Reben und Küchenkræutern bepflanzt, die auf einem ehemaligen Rœmischen Badegebæude, was Kaiser Julian im Jahre 357 nach Christi Geburt soll angelegt haben, ruht. Diese Ruinen bestehen aus einem 50 Fuss hohen und 60 Fuss im Quadrat einnehmenden gewœlbten Gemache, worunter ein Keller ist, der wahrscheinlich das Hypocaustum ausmachte.

Im Temeswarer Bannate in Ungarn sind viele Denkmæler davon, vorzüglich aber merkwürdige Ruinen der warmen Bæder bei Mehadia, welche vormals die Bæder des Herkules hiessen, dem sie geheiligt waren. In diesen Ruinen hat man viele Alterthümer gefunden. Sie sind im Jahre 1736 unter der Aufsicht des berühmten Grafen Hamilton ausgegraben und nach Wien geschickt worden; die Bæder hat man dergestalt ergænzet, dass man dadurch einen deutlichen Begriff von der Einrichtung der Rœmischen Bæder erhælt. *)

Ausser diesen kannten und benutzten die Rœmer eine Menge Quellen in den eroberten Provinzen, z. B. diejenigen von Teja in Paphlagonien, von Aega in Cilicien, von Narbonne und Briancon im vormaligen Gallien und viele andere mehr.

Nichts hængt mehr mit der Geschichte der Badeanstalten in Rom zusammen, als die Beschaffenheit der dortigen Gewæsser.

---

*) Beschreibung des Bannats der Walachey, Moldau und der Kœnigreiche Servien und Bosnien aus den besten Schriftstellern gezogen. Leipzig 1790. S. 48.

Das Wasser, welches die Natur in und nahe um Rom darbiethet ist schlecht. Der Tiberfluss, welcher in sanften Krümmungen sich hindurch schlængelt, hat, bekanntlich, ein gelbes schlammiges Wasser; weswegen ihn die Dichter des Alterthums die gelbe Tiber nannten. Die Farbe sowohl als der Schlamm rühren von vulkanischer Asche und lehmigen mit Extractivstoff vermischten Partikeln her, die er wæhrend seines Laufes wegspühlt. Denn Rom und die Campagna di Roma liegen auf einem Boden, worauf hœchst wahrscheinlich vor Jahrtausenden das Meer wogte, ehe er aus Trümmern vulkanischer Revolutionen gebildet wurde. Daher bestehen die Hügel von Rom und der Gefilde des alten Latiums, bis in die Gegenden, wo der Kalkstein der Appenninen sich anreihet, wenigstens in ihrer Oberflæche, grœssten Theils aus lockerm vulkanischen Tuf; welchen die Italiæner Peperino nennen.

Auch die Lage von Rom auf Hügeln und Niederungen ist Ursache, dass schlammige, stehende Gewæsser sich sammeln kœnnen; welche das Quellwasser verderben. Bereits in den uræltesten Zeiten hat man diese

Beobachtung gemacht. Deswegen liess der Kœnig Lucius Tarquinius Priscus, den Annalen der Geschichte zufolge, sie durch gemauerte unterirdische Canæle, deren Ruinen noch vorhanden sind, in die Tiber leiten. *) Sowohl diese Lage von Rom, als die Beschaffenheit des Bodens sind demnach Ursache des von jeher schlammig gewesenen Quellwassers.

Diese Verhæltnisse waren dem Emporkommen der Badeanstalten nicht günstig.

Wahrscheinlich haben das Beispiel des Lucius Tarquinius Priscus und aus Etrurien stammende Traditionen die Anlegung von Wasserleitungen zuerst veranlasst. Als man den Nutzen davon einsah, so wurden diese Kunstwerke so vervielfæltiget, dass jede Stadt des Rœmischen Reiches und sogar Besitzer von Villen, denen es an

---

*) Ganz nahe bei dem Wege, der durch eine œde Heide nach Tivoli führt, sind mehrere Moræste und pfützige Seen, die geschwefeltes Wasserstoffgas in solcher Menge ausdünsten, das mir das Athemholen erschweret wurde. Diese schon den Alten bekannte Moræste heissen Lago de Tartari u. Lago di Golfo.

hinlænglichem und gutem Wasser fehlte, dergleichen anlegen liessen.

Nachmals wurden die Aqueducte der Gegenstand eines Luxus, der zu allen Zeiten mit Bewunderung angestaunt worden ist. Die Rœmer selbst scheinen auf diese Kunstwerke stolz gewesen zu seyn; wie dies die Stelle der Schriften des ælteren Plinius andeutet, wo er sagt: „Wofern Jemand genau schætzen will den Ueberfluss der von fern hergeleiteten Wasser, welche unsere Bæder, Teiche, Hæuser, Canæle, Gærten und Villen vor der Stadt versehen, den Aufwand der errichteten Bogen, der durchbrochenen Berge und der geebneten Thæler: der wird eingestehen, dass auf dem ganzen Erdkreise Nichts gewesen sey, was der Bewunderung werther wære." — Und hierin muss jeder dem Plinius beistimmen, der die Ueberreste dieser gigantischen Anlagen gesehen hat.

Von den neun grossen Wasserleitungen, die vormals in Rom existirten, sind noch drei in brauchbarem Stande, sechs aber durch die Zerstœrung der Gothen, mehr aber zuverlæssig durch fanatische Wuth spæterer Christlichen Barbaren in Ruinen verwandelt worden. Noch sieht man die Wasserleitung, die Augusts Schwiegersohn Agrippa anlegte. Sie führt acht Meilen von Rom zwischen Tivoli (dem Tibur der Alten) und Palæstrina die sogenannte Aqua vergine her, wodurch der præchtige Springbrunnen von Trevi mit kristallhellem Wasser versorgt wird. Auch bewunderte ich die Ruinen der Wasserleitung, die man Aqua Claudia nannte. Eigentlich hat sie Caligula zuerst angelegt und Claudius vollendet. Bei der Porta maggiora siehet man noch einen Theil dieses Aqueducts, der in drei grossen Sæulenordnungen besteht, woran Inschriften sind, die bezeugen, dass Claudius sie vollendet, Vespasian und Titus aber sie repariren lassen. Diese Ruinen gehœren zu den grœssten und merkwürdigsten, die von dem alten Rom übrig sind. Das Wasser zu diesem Aqueduct kam über sechs und vierzig Meilen von Tusculum (dem jetzigen Frascati) her, und wurde grœssten Theils unter der Erde fortgeleitet. In der Gegend von Tivoli ging sie durch einen Berg, den ich mit dem Feldberge (dem Taunus der Alten) in Hinsicht der Grœsse vergleichen mœchte. Der Pabst Sixtus der fünfte hat diese Wasserleitung erneuern und deren Wasser zu dem præchtigen Springbrunnen di Termine leiten lassen; welcher Bau über Eine Million Rœmischer Scudi gekostet hat. Vor dem Thore San Lorenzo findet man Ueberbleibsel von der Wasserleitung die Aqua martia hiess, welche über sechzig Meilen lang war. Bei der Villa Medici ist noch eine Treppe von hundert und vier und zwanzig Stufen, worauf man zu dem Ende eines unterirdischen Aqueducts gelangt.

In Hinsicht auf die innere Einrichtung waren die Rœmischen Badeanstalten nach einem durchgedachtern Plane weit zweckmæssiger, als die der neueren Zeiten sind. Dem sehr richtigen, in unsern Zeiten nur zu sehr vergessenen, Grundsatze zufolge: dass schleunige Abwechselungen in der Wærmetemperatur gemeiniglich nachtheilig sind, oder wenigstens nur sehr robusten, abgehærteten Individuen wohl bekommen kœnnen, waren die Bæder so eingerichtet, dass man darin alle Nüanzen der Temperatur durchgehen konnte. Man hatte zu diesem Zwecke verschiedene Zimmer, die nach dem Grad ihrer Temperatur besondere Namen erhielten: als **Tepidarium** oder **Apodyterium**, **Frigidarium**, **Caldarium** und **Laconicum**. Unter den Badezimmern war ein Gewœlbe was **Hypocaustum** hiess.

In den grossen Bædern der œffentlichen Gymnasien war gemeiniglich das Hypocaustum in der Mitte und darüber zu beiden Seiten, die vier oben genannten Zimmer. Ueberhaupt war die Einrichtung der Bæder nicht immer dieselbe, wie ich dies bei der sorgfæltigsten Untersuchung vieler Ruinen bemerkt habe. Zuweilen schien mir nur Ein Apodyterium bei zwei Reihen von Badezimmern gewesen zu seyn; in welchem Fall es geræumig und vermuthlich præchtig decorirt war. Auch fand ich das Hypocaustum zuweilen gross und für mehrere Zimmer eingerichtet; zuweilen waren zwei kleine Hypocausta unter einem Zimmer, wie man beim Graben unter den verschütteten Zimmern einer alten Tusculanischen Villa beobachtet hat. Das Hypocaustum war bei Rœmischen Privatpersonen gemeiniglich zu einem doppelten Zweck bestimmt, zuerst um das Dunstbad zu heitzen und zweitens, um bei kalter Witterung die verschiedenen Zimmer des Hauses zu erwærmen; letzteres war vornemlich bei den Villen der Fall, die ausserhalb der Stadt auf Anhœhen lagen und mehr der Kælte ausgesetzt waren. *) Alsdann liefen viereckige thonerne Rœhren, aus dem Hypocaustum durch die Mauer hinauf und circulirten durch das ganze Gebæude. In jedem Zimmer œffnete sich eine solche Rœhre, die man aber nach Belieben verschliessen konnte. Die hervorstehende Oeffnung der Rœhre hatte gemeiniglich eine gefællige Gestalt, z. B. die eines Lœwenkopfs, eines Delphins u. s. w.

---

*) Noch jetzt findet man in Rom gemeiniglich keine Oefen, hœchst selten Camine und nur hie und da sieht man Becken mit glühenden Kohlen in der Mitte des Zimmers gestellt. Frauenzimmer vom Bürgerstande tragen irdene Tœpfe mit Henkeln am Arm und wærmen sich an dem darin befindlichen Kohlenfeuer. Auch hat man im Herkulaneum keine Spur von Ofen oder Caminen, sondern nur in einem Zimmer Kohlen gefunden, woraus man schliessen kann: dass sie zum Erwærmen gedient haben.

Auf diese Weise wurde durch das Hypocaustum das ganze Gebæude erwærmet und das über dem Hypocaustum liegende gewœlbte Zimmer diente zum Dunstbade. Die obere Decke des Hypocaustums bestand aus sehr dicken Ziegelsteinen, die ohne Kalk und nur mit Lehm zusammengefügt waren. Pfeiler von Ziegelsteinen unterstützten die Decke, die gleichfalls ohne Kalk verfertiget waren, um bei der grossen Hitze besser zusammenzuhalten. In diesem Souterræn wurde durch eine viereckige Oeffnung, die am Ende einer schmalen unterirdischen Ganges war, eine hinlængliche Menge Kohlen geworfen, durch deren Glut das Badezimmer und zuweilen auch, auf die oben beschriebene Weise das ganze Gebæude gewærmet wurde. Um die Hitze zu vermehren und anhaltender zu machen legte man, dem Vitruv zufolge, auch wohl metallene Kugeln zwischen die Kohlen.

Im Laconicum war, wie der jüngere Plinius in einem Briefe an Gallus berichtet, ein kleines Fenster, welches man œffnete, wann die Hitze zu sehr zunahm. Nach andern Nachrichten soll oben an der

Wœlbung eine Art von eisernem an einer Kette befestigten Schild (Clypea) angebracht gewesen seyn, durch dessen Aufheben man frische Luft erhalten konnte.

Auf dem Hypocaustum oder an der Seite desselben stand ein Gefæss (miliarium), worin Wasser heiss gemacht wurde. Die Dæmpfe dieses heissen Wassers erwærmten ein darüber befindliches æhnliches Gefæss hinlænglich, um das Wasser darin lauwarm zu erhalten, und etwas hœher war ein anderes grœsseres Gefæss mit kaltem Wasser, woraus man durch einen einfachen Mechanismus die untern Gefæsse wieder anfüllte, wann das Wasser darin verbraucht worden.

Das Caldarium war ein grosses Zimmer. Zuweilen waren Abstufungen darin, deren einige von der Sonne beschienen werden konnten. Man fand daselbst Wannen mit warmem Wasser. In grossen Thermen und bei reichen Personen waren diese von geschmackvoller Form und oft von Aegyptischem Porphyr, Basalt oder einer andern kostbaren Steinart. Diese Gefæsse wurden Baptisteria genannt. Im Capitolinischen und im Pio-Clementinischen Museum sah ich dergleichen von grœsster Schœnheit. *)

Die verschiedenen Grade der Temperatur wurden durch Rœhren aus dem Hypocaustum hervorgebracht.

Das Tepidarium wurde auch Apodyterium genannt, weil man darin die Kleider ablegte. Gewœhnlich war es von achteckiger Form, sehr geræumig, hell, und zuweilen wie die Vorzimmer Kaiserlicher oder Kœniglicher Schlœsser mit præchtigen Sæulengængen geziert.

Noch in unsern Zeiten findet man in Italien und vorzüglich in Rœmischen Kirchen und Pallæsten marmorne Sæulen vom herrlichsten Marmor, die in diesem Theil

---

*) Die Alten hatten die Gewohnheit, die neugebornen Kinder in diesem Baptisterium zu waschen. Dem Macrobius zufolge, geschah dieses am achten Tage nach der Geburt mit den Mædchen und am neunten Tage mit den Knaben. Diesen Tag nannte man diem lustricum und gab gewœhnlich an demselben dem Kinde einen Namen. Daher haben vielleicht die Christen nachmals das Wort Baptisterium beibehalten.

der Bæder oder auch in den Apollotempeln der Thermen gestanden haben. Man heisst diese Gattungen von Marmor, die nicht in Italien, sondern wahrscheinlich in Aegypten vormals gebrochen worden, deswegen antiken Marmor; wovon man drei Varietæten hat, nemlich grünen, gelben und rothen. *)

Ueberhaupt herrschte zur Zeit der Cesaren der ausschweifendste Luxus in den Bædern. Seneca sagt darüber bei Vergleichung der Sitten seiner Zeitgenossen mit denen der Vorzeit Folgendes: »Jetzt dünkt man sich arm und gering zu seyn, wenn nicht an den Wænden der Bæder grosse, kostbare Marmortafeln glænzen; wenn nicht zwischen dem Alexandrinischen Marmor gemahlte Numidische Steine stehen; wenn nicht dieser Marmor mit Kunst so gesetzt ist, dass man wahre Gemæhlde zu sehen glauben sollte; wenn nicht ganze Gemæcher mit Glas ausgelegt sind; wenn nicht Steine von Thasus, die man ehedem nur selten in den Tempeln sah, unsere Teiche umgehen, in welchen wir unsere durch vieles

---

*) Man nennt sie gemeiniglich in Italien: verde gialto u. rosso antico.

Schwitzen entkræftete Kœrper waschen und wenn nicht das Wasser aus silbernen Hæhnen læuft.«

Caligula liess sogar ein grosses Schiff von Cedernholz bauen, worin mancherlei Bæder und Gemæcher auch bedeckte Gallerien und ein mit Fruchtbæumen und Weinreben bepflanzter Garten war.

Dass der Luxus in den Decorationen der Bæder der alten Rœmer allen Glauben übersteigt, lehren die Rœmischen Schriftsteller und die Kunstwerke, die noch bis auf unsere Zeiten gekommen sind. Es waren darin grosse Badewannen *) und allerhand Verzierungen von Aegyptischem Marmor, Basalt, Porphyr und Granit; Fussbœden von Mosaiken und Glassflüssen, vergoldete Arabesken, treffliche, besonders enkaustische Gemælde und in runden Nischen einzelne Statuen oder Gruppen davon, von den Meisterhænden

---

*) Sie waren zuweilen so geræumig, dass man darin schwimmen konnte, wie der jüngere Plinius in einem Briefe an Gallus, bei Beschreibung der Bæder seiner nahe bei Rom gelegenen Laurentinischen Villa von den daselbst befindlich gewesenen versichert.

der besten Griechischen Künstler. Der Uebermuth stieg zur Zeit des ælteren Plinius so hoch, dass, seiner Versicherung zufolge, manche vornehme Damen keine Badezimmer betreten wollten, die nicht mit Silber ausgelegt waren.

Alle Geræthe waren von den kostbarsten Materien; so bestanden z. B. die Gieskannen, worin man Wasser holte, oder sich von dazu bestimmten Aufwærtern (Aquarii) beschüttem liess, von Gold, Silber oder Korinthischem Erzte und stachen sehr von den Muscheln, irdenen Gefæssen und ausgehœlten Kürbissen ab, die man in frühern Zeiten zu diesem Zwecke durchgængig gebraucht hatte.

Heliogabal liess die Bæder durch præchtige Lampen bei Nachtzeit erleuchten.

Zur Zeit des Seneca hatten die verschiedenen Badezimmer grosse durchsichtige Fenster, welche vorher nicht da gewesen zu seyn scheinen. *) Man pflegte sie, dem

---

*) Das Glas war früher bekannt; denn Galen gibt bereits Nachricht davon, und beschreibt die Methode es zu verfertigen. Auch gebrauchte man

Vitruv zufolge, so anzulegen, dass sie die Sonnenstrahlen auffangen konnten. Deswegen setzt der jüngere Plinius in einem Briefe an Caninius einen vorzüglichen Werth darauf: dass die wollüstigen Bæder in seinem præchtigen Hause in der Vorstadt von Como zu bestimmten Stunden durch die Sonnenstrahlen erwærmet werden konnten.

---

es zu Galens Zeiten schon zu Schrœpfkœpfen. Plutarch kannte es auch; denn er bestimmt die Holzart, die zum Schmelzen desselben am passendsten seyn soll. Lukrez, Horaz, Martial thun Erwæhnung davon. Plinius kannte es genau; er behauptete, es wære ursprünglich eine Phœnicische Erfindung. In Seneca's Zeiten scheint man aber erst die Kunst, es durchsichtig zu machen, erfunden zu haben. Welche Seltenheit weisse, durchsichtige Glæser Anfangs waren, erhellt daraus: dass Kaiser Nero für zwei durchsichtige glæserne Trinkgeschirre über 300000 Conventionsthaler nach unserm Gelde bezahlte; nachmals muss indess durchsichtiges Glas wohlfeiler gewesen seyn, weil es, Seneca's Zeugnisse zufolge, zu den Fenstern der Bæder gebraucht wurde.

Bei ihrer Lage nahm man auch auf angenehme Prospecte Rücksicht. So lag in den œffentlichen Thermen die Piscina nahe vor den Fenstern; und in den Bædern, die der jüngere Plinius in seiner Villa Laurentina hatte, konnte man aus den zum warmen Bade bestimmten Gemache der Aussicht auf das Meer geniessen. Auch scheinen in den meisten Badeanstalten Einrichtungen zum Gebrauche der Sonnenbæder (Solaria) gewesen zu seyn. Die Rœmer haben diese Art zu baden von den Griechen erlernet. Diese setzten sich auf dem Sœller ($ἡλιαϛήριον$) ihrer Hæuser, nemlich auf dem platten Dache ($ενεπιπεδον$) derselben nacket den Strahlen der Sonne aus und salbten sich mit Oehl; sowohl des Vergnügens wegen, als zur Erhaltung der Gesundheit und zur Heilung der Krankheiten. Die Sandbæder die darin bestanden, dass man den Kœrper mit Sande beschüttete und ihn der Sonne aussetzte, scheinen auch daselbst gebraucht worden zu seyn.

Die Rœmer verbanden mit dem Gebrauche der Bæder allerhand diætetische Hülfsmittel, wovon ich die allgemein üblichen hier in der Kürze anführen, die besondern zu therapeutischen Zwecken bestimmten aber weiter unten anzeigen werde. Dass sie in den Gymnasien verschiedene Gattungen von Leibesübungen vor oder nach dem Gebrauche der Bæder anstellten; auch dass es an Einrichtungen dazu nicht fehlte, habe ich bereits gesagt.

Asklepiades führte nach dem Beispiele des Sergius Orata den excentrischen Gedanken aus: das Schaukeln mit dem Baden zu vereinigen und machte sich dadurch, wie durch andere Charlatanerien bei den Weichlingen Roms beliebt. Die Frictionen mit Oehl und das Striegeln wurden hæufig mit dem Bade verbunden. Vor und nach dem Bade liess man den Kœrper mit Oehl einreiben. Dies Oehl wurde aus dazu bestimmten Flæschchen von Glas, Elfenbein oder Horn (wovon noch viele bis auf uns gekommen sind; wie ich dergleichen in Antikencabinetten in Italien gesehen habe) tropfenweise herausgegossen. Nach dem Bade wurde aber der Kœrper in eine Decke (Syndone) gehüllt, mit leinenen, leicht gewebten Tüchern abgetrocknet und dann mit dem Einsalben der Anfang gemacht.

Einige liessen sich Statt des Salbens striegeln. Es wurde hierzu eine Striegel von Eisen oder bei Vornehmern von Silber, Gold, oder Helfenbein gebraucht. Zuweilen musste man diese Instrumente mit Oehl bestreichen, um dadurch ihre Wirkung sanfter zu machen. Denn vom zu hæufigen Gebrauche dieser Striegel wurde die Haut verhærtet, wund, oder mit einer Art von Ausschlag behaftet, wie beim Imperator Nero der Fall war; von welchem Sueton erzæhlt: dass er Callositæten auf der Brust und allerhand ausschlagsartige Auswüchse aus dieser Ursache gehabt hætte. Bei Kranken und schwæchlichen Personen wurde Statt der Striegel ein Schwamm gebraucht. Weichlinge liessen die Schwæmme purpurroth færben.

Die Zwecke der Alten bei dem hæufigen Gebrauche der Bæder waren sehr mannigfaltig. Zuvœrderst waren sie bei ihnen der Reinlichkeit wegen noch viel unentbehrlicher, als in neuern Zeiten. Die Alten trugen bekanntlich keine Hemden. Vornehme, die viele Kleidungen hatten, *)

---

*) Wobei der Luxus so weit ging, dass ein Grosser, dem Horaz zufolge, allein fünf Tausend Purpurrœcke in der Garderobe seines Pallastes hatte.

womit sie wechseln konnten, litten hierbei weniger. Aermere hingegen, die nicht gut damit versehen waren, insonderheit diejenigen, die schmutzige Geschæfte trieben, würden ohne hæufiges Waschen und den Gebrauche der Bæder nicht haben existiren kœnnen. Ueberdiess gingen die Alten meistens zu Fuss, und ihre Füsse waren nur an den Fusssohlen mit sogenannten, über den Füssen mit Bændern befestigten, Sandalen (Soleae) bedeckt. *)
Die obere Flæche der Füsse musste also nothwendig oft schmutzig werden. Daher war es ein allgemeiner Gebrauch der Urwelt den Gæsten bei ihrer Ankunft Wasser zum Waschen der Füsse darreichen zu lassen. Gemeiniglich aber wurde fremden, besonders vornehmen Personen, die von einer Reise kamen, gleich ein Bad zur Reinigung bereitet, und es war für einen Mann von

---

*) Indess trugen Rœmische Vornehme insonderheit Matronen auch Schuhe (calcei), die den ganzen Fuss bedeckten und oft bis über die Knœchel reichten; die an festlichen Tagen von dem feinsten durch Alaun weich gemachten weissen Leder bestanden.

feiner Lebensart und liberalen Sitten unanstændig in eine Gesellschaft zu treten, ohne sich vorher in einem Bade gewaschen zu haben. Bevor man sich zu den Mahlzeiten hinlegte, wurde allezeit gebadet und meistens auch mit Oehl gesalbet. Deswegen waren in den Pallæsten der Vornehmen die Badezimmer nahe bei dem Speisesale. Einige, die viel auf Reinigkeit hielten, badeten sich tæglich wohl sechs oder sieben Mahl; doch hat bei diesen das Baden wahrscheinlich nicht lange gedauert. Gewœhnlich badeten sie sich kurz vor der Coena, im Sommer in der achten *) und im Winter in der neunten Stunde des Tages. Meistens wuschen sie bloss Gesicht, Hænde und Füsse; aber am nundinis wurde allezeit der ganze Kœrper gebadet.

In den Privatbædern richtete mau sich in Hinsicht der Zeit mehr nach eignem Geschmack; in den œffentlichen hingegen musste man sich zu einer bestimmten Stunde einstellen, welche durch eine Art von Glocke angekündigt wurde, und wer zu spæt kam,

---

*) Um zwei Uhr Nachmittags nach unserer Zeitrechnung.

lief Gefahr nur kaltes Wasser zum Baden zu bekommen. *) Seitdem der Kaiser Alexander Severus Erlaubniss dazu gegeben, badete man wæhrend der schwülen Sommersjahreszeit auch wohl bei Nacht in den œffentlichen Bædern. Schwæchliche und kranke Individuen pflegten vor der bestimmten Zeit, die besonders für sie von den Aerzten vorgeschriebenen Bæder Frictionen und Leibesübungen zu benutzen.

Bei grossen œffentlichen Unglücksfællen wurde der Gebrauch der Bæder zuweilen auf eine Zeitlang untersagt.

Nach jeder Ermüdung von Arbeiten und Leibesübungen wurde ein Bad genommen. Man hielt dafür: dass das Gefühl der Müdigkeit davon verginge. Hippocrates stimmt dieser Meinung bei und Galen bemerkt, dass deswegen die, welche von Reisen zurückkehrten, Bæder gebraucht hætten. In einem Schauspiele des Plautus wird Befehl gegeben für eine von der Reise gekommene Jungfrau Wasser zu er-

---

*) Dies erhellet aus folgender Stelle des Martial: redde Pilam, sonat æsthermarum; ludere pergis? Virgine vis sola adire domum.

wærmen. Dem Plato zufolge, fanden von lændlichen Arbeiten ermüdete Individuen eine grosse Erquickung in dem Gebrauche der warmen Bæder.

Ueberhaupt hielt man sie nützlich bei allen Mühseligkeiten des Lebens; besonders aber bei Kummer und Sorgen. Homer erzæhlt schon: dass die Zauberinn Circe den Odysseus hierdurch aufzuheitern gesucht habe.

Vorzüglich wurden die Bæder im Alterthum des Vergnügens wegen gebraucht. Das Gefühl von Behaglichkeit und Leichtigkeit, das sie verschaffen wirkt zu sehr auf Erweckung und Erhaltung einer frohen Gemüthsstimmung, als dass dies dem Beobachtungsgeiste der Alten hætte entgehen kœnnen. Homer rechnet bereits die Bæder im achten Buche der Odyssee zu den Ergœtzungen. Vornehme Rœmer hatten præchtig und geschmackvoll eingerichtete Bæder, um das Vergnügen des Badens besser geniessen zu kœnnen. Der jüngere Plinius beschreibt in einem Briefe an Gallus, die zu den ausgesuchtesten Genüssen eingerichteten Bæder seiner Villa Laurentina. Derselbe zæhlt, in einem an Calvisius gerichteten Briefe, zu den Vergnügungen eines alten Mannes von seiner Bekanntschaft mit Namen Spurinna, den Genuss der Bæder, insonderheit denjenigen des Sonnenbades, wofür er, mehrern Stellen seiner Schriften zufolge, eine grosse Vorliebe gehabt zu haben scheint.

Als das Rœmische Volk in Weichlichkeit und Ueppigkeit gænzlich versunken war, wurde der Genuss der Bæder übertrieben, gemissbraucht, und gab zu den unerhœrtesten Ausschweifungen Veranlassung.

Welches Aergerniss dies bei allen rechtlich denkenden Zeitgenossen gegeben, darüber ist nur Eine Stimme bei gleichzeitigen Schriftstellern. Juvenal, Martial, Persius und andere Satyriker der damaligen Zeiten, haben mit grellen Farben ihren darüber gehabten Unwillen geschildert. Dem Plutarch zufolge, sollen die Griechen den Rœmern unter andern Verhæltnissen der weichlichen Lebensart vorzüglich die Ausschweifungen in den Bædern vorgeworfen und ihnen desswegen das Versinken unter dem Joche der Knechtschaft vorhergesagt haben. Auch haben diese Missbræuche der Badeanstalten nicht wenig dazu mitgewirkt, die Bæder überhaupt bei der Nachkommenschaft in übeln Ruf zu bringen. So behauptete z.B. der Grammatiker Suida, der im eilften Jahrhunderte lebte, aber eine genaue Kenntniss von den Sitten der Alten hatte: dass die Bæder zur Weichlichkeit führten; und deswegen erinnert er auch, dass die wegen ihrer luxuriœsen Lebensart bekannten Sybariten sich derselben bedient hætten.

In den frühesten Zeiten der Republik badeten die Rœmischen Bürger nur so oft, als es die Reinlichkeit und Gesundheit erforderten. Sie zogen damals bekanntlich die Lændlichen Beschæftigungen allen andern vor. Wann sie Abends ermüdet in ihre Wohnungen zurückkehrten, so wuschen sie Arme und Füsse. Nur alle neun Tage, wann sie zur Stadt gingen, um einzukaufen und den œffentlichen, das allgemeine Beste betreffenden, Versammlungen beizuwohnen, pflegten sie den ganzen Kœrper in irgend einem Flusse, Teiche, oder auch wohl in einer Wanne zu baden.

Als die entarteten Nachkommen allmæhlig den Geschmack an einer so einfachen naturgemæssen Lebensart verloren hatten, bestimmte nicht mehr das Bedürfniss den Gebrauch der Bæder. Man übertrieb ihn auf mancherlei Art und aus verschiedenen Ursachen. Da man die eines über Alles geschætzte Feldarbeit grœssten Theils den in den Kriegen gefangen genommenen Sklaven überliess, und viele ein müssiges oder mit geringfügigen Beschfætigungen ausgefülltes, weichliches Leben vorzogen, wurden die Bæder zum Theil ein Gegenstand des Zeitvertreibs. So wie man die Tempel der Gœtter besuchte, seine Gœnner in ihren mit Büsten und Statuen der Vorfahren prunkenden Vorsælen erwartete, auf dem Fo. rum den gerichtlichen Verhandlungen beywohnte, so ging man auch der Zeittœdtung wegen in die Bæder und in die œffentlichen Thermen. Schlemmer missbrauchten die Bæder auf eine andere Weise. So wie in der letzten Hælfte des vorigen Jahrhunderts es hæufig im Gebrauche war, nach schwelgerischen Gastereyen durch Digestive und Abführungsmittel die Cruditæten aus dem Magen und Gedærmen zu schaffen, so war es Mode in Rom, durch heftiges Schwitzen in den Bædern diess zu bewirken. *) Der

---

*) Wenigstens zur Zeit der Herrschaft der metho-

æltere Plinius rechnet diesen Gebrauch unter diejenigen, die zum Verfall des Staates mitgewirkt haben. *) Die Satyriker spotteten darüber. Horaz erzæhlt, dass seine Zeitgenossen mit einem, wegen unverdauter Speisen ausgedehnten, Unterleibe ins Schwitzbad gegangen wæren. Juvenal schwang seine Geissel gegen einen seiner Bekannten, der von einem Pfau unmæssig gegessen und gleich darauf zur bessern Verdauung gebadet hætte.

Es gab auch viele, den Vergnügungen des Gaumens fræhnende, Wollüstlinge, die sich im Bade zu grossen Gastmælern vorbereiteten. Manche unter ihnen hatten die Gewohnheit, wæhrend des Badens, oder gleich nach dem Baden, viel erwærmten süssen Wein zu trinken, um Erbrechen zu erregen. Zuweilen mischten sie in dieser Absicht

---

dischen Sekte, welche einen grossen Widerwillen gegen Purganzen hatte.

*) Er sagt: »Illa perdidere imperii mores, illa quae sani patimur, luctatus, ceromata ceu valetudinis causa instituta: balineae ardentes quibus persuasere in corporibus cibos coqui, ut nemo non minus validus exiret, obedientissimi vero efferuntur.«

Oehl zu dem Weine. Wirkte dies nicht, so kitzelten sie mit einer Feder den Schlund, bis das Erbrechen erfolgte. Wie man selbst auf die kleinsten dabei Statt habenden Momente raffinirte, erhellt daraus, dass man zu diesem Zwecke bloss die rothen Schweiffedern des Flamingo *) (Phoenicopterus ruber Linnei) gebrauchte. Sowohl durch die Hitze des Bades, als durch hæufiges Erbrechen entstanden zuweilen Ohnmachten. Dem Seneca zufolge ging die Verderbniss der Sitten so weit, dass selbst Frauenzimmer diese schændliche Ausschweifungen sich erlaubten. **)

---

*) Dieser bei den Alten der Sonne geheiligter Vogel, ist von der Grœsse eines Storches und hælt sich hæufig in den sumpfigen Gegenden von Aegypten auf. Auch auf dem Vorgebirge der guten Hoffnung findet man ihn und speiset ihn als eine grosse Delicatesse. Die Zunge desselben war von jeher als ein besonderer Leckerbissen berühmt. Apicius führte ihren Genuss bei den Rœmern ein.

**) Wie weit die übertriebene Fressbegierde (vom Juvenal orexis genannt) ging, erhellet aus folgender Stelle des ælteren Plinius «Cautissimos ex

Als die Ueppigkeit den hœchsten Grad erreichet hatte, gehœrte der Gebrauch der

---

his balineis coqui videmus, exanimesque efferri: Iam vero alios, lectum exspectare non posse, imo vero tunicam, nudos ibi protinus anhelos ingentia vasa corripere, velut ad ostentationem virium, ac plane infundere, ut statim evomant, rursusque hauriant, id iterum, tertiumque tanquam ad perdenda vina geniti, et tanquam effundi illa non possint, nisi per humanum corpus.» — Nicht bloss im Bade wurden diese Schændlichkeiten vor schwelgerischen Gastereyen in Rom getrieben, sondern auch bei den Gelagen selbst, weswegen eherne oder silberne Geschirre bestændig in Bereitschaft waren. Asklepiades und nach ihm sein Verehrer Celsus ereiferten sich wie alle rechtlich denkende Zeitgenossen gegen diese empœrende Sitte. Wie sehr sich der Kaiser Vitellius hierdurch herabwürdigte, davon hat uns Sueton ein schauderhaftes Gemælde hinterlassen. Unter andern erzæhlt er von ihm: Magnam diei partem noctisque consumebat in commessationibus, crebro vomebat omnia, ut sub transitu ciborum nutriretur. Cui quidem rei sufficere poterat; quamvis caeteri qui cum eo coenabant omnes misere interirent.

Bæder zur Toilette der Rœmischen Weichlinge. Wollte ich alle Verirrungen der ausschweifendsten Phantasie Rœmischer Eleganz in dieser Hinsicht schildern, so würden meine Leser finden, dass die Toilettenkünste der unseren dagegen Kleinigkeiten sind. Ich kann und darf aber, aus mehrern triftigen Gründen, hier nur die Hauptmomente davon in der Kürze andeuten.

Da die Weichlinge Roms auf eine feine, weisse und weiche Haut einen grossen Werth setzten, so suchten sie diese durch Bæder und allerhand mit dem Baden verbundenen Künsteleyen zu erlangen und zu erhalten. Zu diesem Zwecke war ihnen das Kristallhelle, durch Aqueducte hergeleitete Wasser zu einfach. Einige gebrauchten statt desselben Fluss- und Regenwasser. Kaiser Nero liess mit grossen Unkosten Seewasser für seine Bæder herbeischaffen. Seine Gemahlinn Poppaea trieb den Uebermuth so weit, dass sie sich in Milch von Eselinnen badete, und wann sie auf Reisen war, fünfhundert Eselinnen deshalb nachtreiben liess. Der Luxus stieg so hoch, dass das Badewasser zuweilen mit wohlriechenden Stoffen geschwængert wurde. Heliogabal liess, zum Beyspiel, Safran und wohlriechende Parfüms mit dem Badewasser mischen. So brauchten sie Statt des gewœhnlichen Oehles desjenigen von Rosen, Safran Kataputien, Pappelnblüthen und andern wohlriechenden Vegetabilien. Auch Salben mancherley Art, z. B. von Myrrhe, Lavendeln etc. dienten zu diesem Zwecke. Alle übrigen in den Schriften der Alten angezeigten Toilettenraffiments genau aufzuzæhlen, würde gegen den Anstand seyn. Doch muss ich Einiges davon berühren, um von deren Beschaffenheit einen Begriff zu geben. So liessen sich z. B. Rœmische Frauenzimmer und weibische Mænner und Jünglinge alle mit Haaren bewachsenen Theile des Kœrpors glatt reiben. Man bediente sich dazu entweder einer Fischhaut (Chagrin) oder eines Harzes. Juvenal und Martial verspotten diese Ausschweifung mit den beissendsten Sarkasmen. Auch wurden Hüneraugen und callœse Stellen der Haut weggeschaffet und die Nægel an den Füssen auf kunstgemæsse Art abgeschnitten. Kleine Kinder waren abgerichtet, den verhærteten Ohrenschmalz und verhærtete Massen in andern Hœhlungen des Kœrpers wegzunehmen. Die Glieder, besonders die Gelenke, wurden auf wollustvolle Art gedehnt, gestreckt und mit Schwanenpflaum, oder auch purpurrothen Schwæmmen gelinde gerieben. Hœchst wahrscheinlich verstanden die Alten auch die Kunst, durch eine besondere Art des Streichelns angenehme Gefühle mancherlei Art und Schlaf hervorzubringen. Letzteres, welches die erste Spur von dem in neueren Zeiten so viel Aufsehen gemachten Somnambulismus wære, erhellet deutlich aus einer Stelle in dem **Amphitruo** des **Plautus**. *)

Der grœsste Missbrauch der Bæder war wohl, dass zur Zeit der gænzlichen Ausartung der Rœmer beide Geschlechter zugleich badeten, welches in frühern Zeiten unerhœrt gewesen wære. Anfangs waren besondere Bæder für jedes Geschlecht allgemein üblich. Man hielt es sogar für unanstændig, wenn ein Vater mit seinen erwachsenen Sœhnen, oder mit seinen Schwiegersœhnen badete. Die Gemein-

---

*) Er læsst den **Mercurius** sagen: Quid si ego illum tractim tangam, ut dormiat?

schaft der Bæder für beide Geschlechter riss zuletzt so sehr ein, dass mehrere Kaiser sie durch Gesetze zu verbiethen gezwungen wurden. Hadrian und Marcus Aurelius weren in diesem Fall. Unter Heliogabal wurden diese Verordnungen zurückgenommen. Alexander Severus setzte sie zwar wieder in Kraft; aber durch die allgemeine Unsittlichkeit der folgenden Zeiten nahm das gemeinschaftliche Baden bei der Geschlechter immer mehr überhand. Als die Verderbniss der Sitten den hœchsten Grad erreichet hatte, so ging die Schamlosigkeit so weit, dass die Bedienung von verschiedenem Geschlechte des Badenden war. Die schœnsten jungen Knaben und Mædchen wurden dazu auserlesen. Ueber die abscheulichsten Ausschweifungen, die nothwendig dadurch entstehen mussten, welche allen Glauben wirklich übersteigen, muss ich natürlicher Weise einen Schleyer ziehen, und zu dem wichtigsten Zweck der Bæder des Alterthum, übergehen.

Das nach Vorschriften angeordnete und mit Frictionen und Leibesübungen verbundene Baden machte bei den Alten den vorzüglichsten Theil der ærztlichen Pflege aus.

Hœchst wahrscheinlich verhüteten oder heileten sie dadurch gleich bei der Entwicke.lung manche Krankheiten, die in unsern Zeiten sehr hæufig sind, und gemeiniglich nur schwer, oder oft gar nicht geheilet werden.

Es ist zu bedauern, dass wir nicht vollstændige Nachrichten von den Erfahrungen der Alten in dieser Hinsicht haben und uns mit rapsodischen Notizen begnügen müssen.

In den Hippokratischen Schriften findet man zuerst diætetische Grundsætze in einigem Zusammenhange vorgetragen, so dass die Verfasser derselben als Erfinder der diætetischen Doktrin zu betrachten sind. Ihre allgemeine diætetische Regeln: dass nehmlich jede plœtzliche Verænderung für den menschlichen Kœrper schædlich sey, und dass man deswegen nur allmæhlig von einer Lebensweise und von jeder Gewohnheit zu einer andern übergehen dürfe, ferner dass eine gewisse Harmonie in allen zur Lebensordnung gehœrigen Verhæltnissen Statt haben müsse, und dass jede Unmæssigkeit nachtheilige Folgen nach sich ziehe, wandten sie auch auf den Gebrauch der Gesundheitsbæder an, und gaben den Badenden die Vorschrift nur in allmæligen Nüanzen von einer Wærmetemperatur zur andern über zugehen. Ausser diesen trefflichen, für die medicinische Technik so folgenreichen, Grundsætzen scheinen sie freilich auch zuweilen bei Bestimmung der Anwendung der Bæder, die, von den Philosophen der damaligen Zeit in Gang gebrachte, Lehre von den Elementen, den Elementarfeuchtigkeiten im menschlichen Kœrper und ihre Verænderung bei Krankheiten zum Regulativ genommen zu haben. Indess stammen zuverlæssig die meisten ihrer Vorschriften aus der Sphære unbefangener Erfahrung.

Die vorzüglichsten, in den Hippokratischen Schriften enthaltenen, Notizen in Hinsicht auf die Bæder sind folgende. Die Verfasser der Hippocratischen Schriften bestimmen genau, was im Allgemeinen und in einzelnen Fællen vor und nach dem Bade zu thun sey; die Zeit, welche man darin verweilen, wie oft man Gebrauch davon machen dürfe. Sie zeigen die Fælle an, worin gemeine Wasserbæder und worin mineralische oder mit Arzneyen geschwængerte Bæder vorzuziehen seyn. Sie lehren, dass man weder kurz vor, noch nach dem Essen und Trinken, Bæder nehmen, und dass man den nassgewordenen Kopf mit einem Schwamme trocknen solle. Sie setzen auseinander, wann kalte und wann warme Bæder passend sind. Vor dem Baden rathen sie im Allgemeinen mæssige Leibesübungen und mehr oder minder heftige Frictionen mit oder ohne Oehl.

Auch sprechen sie von dem Gebrauche der Bæder bei krankhaften Anlagen und wirklichen Krankheiten. In Hinsicht der krankhaften Anlagen halten sie zum Beispiel dafür, dass fetten Individuen, die magerer zu werden wünschen, das Baden nachtheilig sey. Starken und vollblütigen Subjekten erlauben sie den tæglichen Gebrauch der Bæder, aber schwæchlichen nur den seltenen. Bei einigen Krankheiten verwerfen sie den Gebrauch der Bæder gænzlich, wie zum Beyspiel bei der Epilepsie, bei alten Geschwüren, bei Quarsanfiiebern u. s. w., bei andern zum Beytpiel den Augenkrankheiten, bei Steinbeschwerden dem eintægigen und dreytægigem Fieber u. s. w. empfehlen sie dieselben.

So schrænken sie auch den Gebrauch der Bœder nach Verschiedenheit der Wærmetemperatur ein. Sie verbieten, zum Beyspiel, die warmen Bæder den Kindern, die kalten denjenigen, die an Nervenkrankheiten und Kopfweh leiden. Hingegen empfehlen sie die kalten Bæder in einigen Fællen der hitzigen und hectischen Fieber, Beschwerden in den Hypochondrien in der Gelbsucht u. s. w.

In Hinsicht der zusammengesetzten Bæder haben sie auch einige Winke hinterlassen: sie behaupteten, dass Wassersüchtigen, denen gewœhnliche Bæder schædlich, die mineralischen nützlich wæren. Bei alten, viel Jauche absondernden, Geschwüren hielten sie Alaunhaltige Mineralwasser für sehr nützlich. Uebrigens kannten sie den Einfluss der warmen und kalten Bæder auf Respiration und Puls.

Welches Gewicht bei den Griechen auf die richtige Anwendung der Bæder bei Krankheiten gelegt wurde, erhellet daraus: dass die Verfasser der Hippokratischen Schriften für besser hielten, sie gar nicht, als zweckwidrig zu gebraucsen und dies aus Furcht, die krankhaften Zufælle zu vermehren, Statt zu vermindern.

Von den Griechen gingen die Begriffe von dem diætetischen und klinischen Nutzen der Bæder und der damit verbundenen Frictionen und Leibesübungen zu den Rœmern über. Besonders hat der in Rom etablirt gewesene Griechische Arzt Asklepiades zur richtigen Anwendung derselben mitgewirkt.

Asklepiades scheint im Ganzen die Vorschriften der ælteren Griechen in Hinsicht auf den diætetischen und klinischen Gebrauch der Bæder befolgt, sich aber doch nicht pedantisch daran gebunden zu haben. Er war weniger behutsam bei ihrem Gebrauche als jene, richtete sich nach dem Geschmack seiner, in Weichlichkeit versunkenen Zeitgenossen: und verband neue gefællige diætetische Hilfsmittel mit denselben; besonders scheint er der Anwendung der Frictionen eine grœssere Ausdehnung und genauere Bestimmung gegeben zu haben. Dies erhellet aus der Schrift, die uns Celsus einer seiner Verehrer hinterlassen hat. Dieser beschreibt den Nutzen der Bæder, der Frictionen und Leibesübungen nach den Maximen des Asklepiades, und legt darauf besonders zur Verhütung der Krankheiten ein grosses Gewicht.

Ihm zufolge hat Asklepiades bei Behandlung der meisten Krankheiten Bæder und kunstgemæsse Frictionen allen innerlich gegebenen Arzeneien bei weitem vorgezogen. Der durch Themison aus Laodicea gestifteten, Sekte der Methodiker gereicht, bei allen ihren aus der Corpuscular-Philosophie des Epicurs aufgenommenen Albernheiten, dies zur Ehre, dass sie bei Heilung der Krankheiten hæufiger Bæder und kunstgemæsse Frictionen, als innerlich gegebene Arzeneimittel empfohlen.

Indess scheinen die Methodiker den Gebrauch der Bæder weniger nach Aussprüchen der Erfahrung, sondern mehr nach ihren einseitigen Meinungen über das Grundursæchliche der Krankheiten angewandt zu haben. Da nun Straffheit (Strictum oder hypersthenie) Schlaffheit (laxum oder asthenie) und eine Vermischung, oder auch wechselnder Zustand von beiden (Mixtum) dieses bestimmten, so suchten sie bald zu erschlaffen, bald zusammenzuziehen und bald die Mischung der Materie in ihren Verhæltnissen zum leeren Raum umzuændern, welche letztere

Methode vom Thessalus Metasynkrise oder Recorporation genannt wurde.

Themison gebrauchte, zum Beispiel, dem Berichte des Caelius Aurelianus zufolge, in einer von Straffheit entstandenen (also hypersthenischen) Pneumonie, unter andern Mitteln auch Dampfbæder. Bei der Wassersucht gebrauchten die Methodiker Bæder von heissem Sande. Gegen das Ende des ersten Jahrhunderts unserer Zeitrechnung entzogen sich genievolle Mænner dem Joche des bis dahin geherrschten Sectengeistes der Methodiker.

Athenæus aus Attalia in Cilicien, der Stifter der pneumatischen Schule erregte Zweifel gegen die Lehren des Asklepiades und dessen Nachfolger, die eigentlichen Methodiker, und bildete ein eignes System, welches aus Platonischen und Aristotelischen Meinungen vorzüglich gezogen und mit Lehrsætzen der Stoiker verbunden war.

Auf dem heftigen Widerspruch in den Meinungen der Methodiker und Pneumatiker erfolgte eine Vereinigung ihrer Grundsætze mit denen der Empiriker und eine neue Schule entstand daraus, die unter dem Namen der eklektischen bekannt ist. Ein

Schüler des Athenæus, Agathinus von Sparta kann als erster Stifter derselben angesehen werden, obgleich Archigenes aus Apamea, der einen grossen Ruf als praktischer Arzt zu Kaiser Trajans Zeiten sich erwarb, ihr eigentlich das groesste Ansehen verschaffte.

Die Grundsætze der ersten Eklektiker und ihre Spitzfindigkeiten im Allgemeinen anzuzeigen, gehoert nicht zu meinem gegenwærtigen Zwecke. Wohl aber gehoert es dazu, dass von dieser Zeit an die klinische Anwendung der Bæder nach andern Grundsætzen bestimmt worden ist.

Oribasius erzæhlt vom Agathinus, dass er sich dem damals allgemein üblichen Gebrauche der warmen Bæder wiedersetzt habe, und ihre Anwendung und die dabei nothwendige Vorsichtsregeln genauer bestimmt habe. Er soll sie für schwæchend gehalten und abnorme Reitzbarkeit von ihnen hergeleitet, dagegen die kalten Bæder zur Erhaltung der Gesundheit empfohlen haben.

Unter den Anhængern der Pneumato-eklektischen Schule zeichnete sich in dieser Zeitperiode vorzüglich Aretæus aus Kappadocien aus. Er hat uns ein Werk hinterlassen, welches echten Beobachtungsgeist und Selbstdenken athmet. Er empfiehlt darin warme Bæder gegen die Melancholie und Schwefelbæder gegen die Elephantiasis und den Aussatz, der damals aus dem Orient sich in ganz Italien verbreitet hatte. Bei starken Kopfschmerzen und Schwindel hælt er das Begiessen des Kopfes mit kaltem Wasser nützlich. In hitzigen Fiebern trachtete er durch warme Bæder die Krisen zu befœrdern.

Ungefæhr zu derselben Zeit wār ein gewisser Herodot ausübender Arzt in Rom, der vorzüglich Leibesübungen, Frictionen und Bæder empfahl. Oehlbæder und Seebæder fand er in mehreren Krankheiten nützlich. Durch heisse Sandbæder suchte er Engbrüstige, Wassersüchtige und Podagristen zu heilen.

Aus diesen Beyspielen ersieht man, dass die Griechischen Aerzte in Rom den Grundsætzen des Hippokrates in Hinsicht des Gebrauchs der Bæder und Frictionen in Krankheiten nicht immer treu geblieben; ob sie gleich im Allgemeinen Bæder, Frictionen und Leibesübungen zu den wirksamsten diætetischen und klinischen Hilfsmitteln rechneten.

Zur Zeit, als Claudius Galenus von Pergamus nach Rom kam, hatten die Rœmischen Aerzte die Erfahrungsmæssigen Regeln des Hippkrates in Hinsicht auf den Gebrauch der Bæder und Frictionen fast ganz vergessen und behandelten, vom Sektengeiste und der Modesucht verführt, ihre Kranken ohne feste, aus Erfahrung hergeleitete Grundsætze.

Wie damals, so hat man aus frühern Zeiten auffallende Beispiele, dass die Herrschaft der Mode auf den Badegebrauch mæchtigen Einfluss hatte. So wurden z, B. die kalten Bæder allgemein gepriesenes Modemittel als durch sie der Imperator Augustus von einem hartnæckigen, mit Abmagerung verknüpften Rheumatismus durch Antonius Musa war geheilet worden; welchen Ruf sie wieder verloren, als der Octavia Sohn, Marcellus, kurz auf ihrem Gebrauch plœtzlich gestorben war. Zur Zeit des Kaisers Nero waren ganz heisse Bæder Mode. Hæufig liess man sich mit kaltem Wasser begiessen, wann man diese Bæder verliess; gegen welche Uebertreibungen Kaiser Hadrian Gesetze gab.

So viel Galen überhaupt dadurch den mæchtigsten und wohlthætigsten Einfluss auf die Arzneikunst seiner Zeitgenossen und der Nachkommenschaft hatte, dass er die Erfahrungsregeln des grossen Koischen Arztes wieder in Erinnerung brachte, damit ausgewæhlte Sætze vorhergegangener Systeme, besonders des Plato und Aristoteles, verband, und daraus ein zusammenhængendes Ganze bildete, *) so hat er sich auch um den diætetischen und klinischen Gebrauch der Bæder und der damit verbundenen Frictionen und Leibesübungen ein unsterbliches Verdienst erworben.

In der Diætetik nahm er keine allgemein gültige Sætze an, und lehrte auf individuelle Verschiedenheiten, besonders in Hinsicht auf Alter, Klima, Gewohnheit und Temperament Rücksicht zu nehmen. Er hielt die Diætetik und besonders den regelmæssigen Gebrauch der Bæder und Frictionen und Leibesübungen, sowohl zur Erhaltung der

---

*) In dem Galenischen Lehrgebæude finden sich viele Grundideen der neuern Naturphilosophen.

Gesundheit, als zur Verhütung und Heilung der Krankheiten für æusserst wichtig und trennte sie als eine eigne ærztliche Doktrin von der Gymnastik, wozu sie bis dahin gehœrt hatte. Galen liess die neugebornen Kinder mit Salz bestreuen, mit Oehl reiben und mit lauwarmem Wasser waschen. Bei dem Gebrauch der Bæder und palæstrischen Uebungen nahm er auf die Evolutionen des Organismus in den verschiedenen Lebensaltern Rücksicht. Er verbiethet, zum Beispiel, bis zum ein und zwanzigsten Jahre die starken Leibesübungen und das kalte Bad, welche er vor der Zeit der organischen Ausbildung für schædlich hielt, und war also weit entfernt von der Einseitigkeit der Neueren, die bald kalte bald warme Bæder unbedingt anpriesen.

Zur Zeit des Galens waren die Aerzte in Rom in Hinsicht auf den Gehalt ihrer Kenntnisse tief herab gesunken, huldigten der grœbsten Charlatanerie und entehrten zum Theil die Würde ihres Berufes mit unanstændigen, der Verdorbenheit des Zeitgeistes angemessenen Handlungen. *) So

---

*) Galen karakterisirt seine hœchst verdorbenen

wurden zum Beispiel die, zur Zeit des ælteren Plinius durch Charmis Empfehlung wieder zur Mode gewordenen, kalten Bæder zu Galens Zeiten in Rom so allgemein ohne Rücksicht auf Verschiedenheit der Individuen gebraucht, dass man sogar neugeborne Kinder in kaltem Wasser und in Flüssen badete, und sich hierbei darauf berief, dass die damals wegen ihrer Leibesgrœsse kœrperlichen Stærke und ihres Heldenmuthes berühmten Deutschen diese Sitte hætten. Galen widersetzte sich diesem excentrischen Gebrauche. Er erklært sich darüber mit der ihm eigenen Energie folgender Massen: »Ich habe, sagt er, mein Buch nicht für Deutsche auch nicht für Bæren und wilde Schweine geschrieben, sondern für Griechen, oder wenigstens für solche

---

Zeitgenossen sehr treffend folgender Massen: » Ich weiss, dass zu dieser Zeit die erste und wahre Weisheit, die Erkenntniss gœttlicher und menschlicher Dinge in den Gemüthern der meisten nur Wahn ist; dass Geld, bürgerliches Ansehen und unersættliche Wollust das einzige Ziel sind, nach welchem alle streben.«

Menscheu, die Griechische Ueberlegung haben. War es jemals erhœrt, das kleine noch von der Gebærmutter warme Kind in kaltes Wasser zu werfen, als ob es ein glühendes Eisen wære? Kommt das Kind mit dem Leben davon, so mag es dann seyn, dass dadurch seine natürliche Stærke geprüft, und noch durch die Berührung des kalten Wassers vermehrt worden ist. Aber welche vernünftige Mutter, die nicht ganz eine Scythin ist, wird an ihrem Kinde einen Versuch wagen, der, wenn er nicht gelingt, nichtsweniger als den Tod desselben zur Folge hat, um so viel mehr, da aus diesem Versuche gar kein Vortheil entstehen kann. Für einen Esel, oder ein anderes lasttragendes Vieh mag es ein Vortheil seyn, so einen steinharten Rücken zu haben, der gegen Kælte und Schmerz gefühllos ist; aber was niitzt dies dem Menschen? Ist denn die dicke und harte Haut deswegen die beste? Wird diese harte, steife Haut so gut ausdünsten, als eine andere, die ihre gemæssigte Weichheit und gehœrige Biegsamkeit hat? *)

---

*) Man sieht hieraus, wie weit Galen über

Aus diesem merkwürdigen Beyspiele sieht man, wie mæchtig Galen auf sein Zeitalter wirkte, und für die Nachkommenschaft richtige Begriffe über die Anwendung der Bæder erhielt.

Ueber die Anwendung der Bæder, Frictionen und Leibesübungen bei einzelnen Krankheiten haben wir viele Nachrichten bei den Alten, die sich indessen zuweilen widersprechen. Diese alle zusammenzutragen würde für meinen gegenwærtigen Zweck zu weitlæuftig seyn; indem ich vorzüglich nur anzudeuten gedenke, dass die Alten mehr ihre Kranke durch solche einfache, naturgemæsse auf die damals geahnete, in neuern Zeiten aber deutlicher eingesehenen Gesetze der organischen Thætigkeiten gegründete Mittel heileten, als durch heftige, welche seit einigen Jahrhunderten und noch zu unsern Zeiten angewendet wurden; wodurch zwar augenblickliche Linderung, aber doch vermehrte Disharmonie der organisch-chemischen Pro-

---

sein Zeitalter erhaben war, da er schon auf Normalitæt der organischen Thætigkeiten, Rücksicht nahm! —

cesse des Systems entstehen, so dass durch manche Kur von der Art das Ziel des Lebens wirklich verkürzt wird.

Wie sehr die Alten allgemein überzeugt waren, dass der kunstgemæsse Gebrauch per Bæder, Frictionen und Leibesübungen zur Erhaltung der Gesundheit, Verhütung und Heilung der Krankheiten wichtig ist, erhellt aus der Aeusserung des ältern Plinius, dass die Rœmer in den ersten 600 Jahren nach Gründung der Republik Statt aller Arzeneyen sich allein damit beholfen hætten und dass die Sterblichkeit nicht grœsser gewesen, als nach Ankunft und Aufnahme der Griechischen Aerzte.

Indess halt ich es schicklich, durch mehrere Beyspiele diese Kurarten der Alten zu erlæutern zu suchen.

Das wichtigste Moment bei diesen Kuren war, Krankheitsanlagen entgegen zu wirken und die frühesten Keime der Krankheiten zu zerstœren. Ohne von der Harmonie der organischen Thætigkeiten so deutliche theoretische Begriffe, als wir, zu haben, suchten sie dieselbe durch gelinde Mittel zu erhalten und Abweichungen zu verhüten.

Merkten sie z. B. dass der Kœrper dicker wurde, als er gewœhnlich gewesen, so wirkten sie gleich durch passende Mittel entgegen, und suchten den Normalzustand wieder herzustellen. Schien das Athemholen erschwert oder gestœrt zu seyn, so suchten sie durch, von den Phonaskern angegebenen, Uebungen der Sprachorgane und andere diætetische Mittel die Lungen wieder zu stærken. Auch bedienten sie sich der Lokaldampfbæder, und liessen Dæmpfe von allerhand Vegetabilien gebrauchen. Hierzu hatten sie eigne Stühle, wovon Johann Rhodius Abbildungen geliefert hat. Nach Cassiodor liessen sie durch diese Stühle die Dæmpfe heilsamer Kræuter an den After und Unterleib gelangen.

Durch die Frictionen verhüteten und heilten sie eine Menge allgemeiner und Localkrankheiten. Schon allein durch die mechanische Wirkung des Reibens thaten sie viel in der Hinsicht. Die Arten des Reibens waren sehr mannigfaltig, und wurden nach bestimmten Regeln angeordnet. Zum Beyspiel behaupteten sie, dass das Reiben in gerader Richtung die Ausdünstung befœrdere, erschlaffe, erweiche, auflœse; dagegen dasjenige in querlaufender Direktion, stærke, verdicke, adstringire.

Sie nahmen viele Arten des Reibens an, z. B. das harte, das mittelmæssige, das weiche, das wenige, das viele u. s. w. Nach Galen waren neun verschiedene Arten desselben, die besondern Heilanzeigen entsprachen.

Oribasius gibt die Vorschrift, dass man zuerst die Extremitæten, hernach die Schultern und die Brust, dann die Hüften reiben und zugleich den Athem einhalten solle. Theile des Kœrpers, die schwæcher ausdünsten, sollen stærker, als andere, gerieben werden. Ausser der mechanischen Wirkung der Frictionen wurden auch auf Einsaugung der Materien gerechnet, womit gerieben wurde. Das gewœhnlichste Material war das Oehl. Die Alten behaupteten, dass es die Eigenschaft habe, stark zu machen. Auch glaubten sie, dass es den Einflüssen der rauhen Luft entgegen wirke und die Ausdünstung in Schranken erhalte. Ausser diesen allgemeinen Wirkungen der Frictionen mit Oehl, kannten sie viele besondere, weswegen in den meisten Krankheiten davon Gebrauch gemacht wurde. Ausser dem Oehle wurden auch andere Heilmittel eingerieben, und so auf die gelindeste Art allgemeinen und Localkrankheiten entgegen gewirkt und die Harmonie in den Thætigkeiten des Organismus erhalten, gestærkt und hergestellet. Weitlæuftiger darf ich mich hierüber jetzt nicht einlassen, weil es eine Materie von grossem Umfange ist. Ehe ich diesen Abschnitt schliesse, will ich nur noch Einiges über die Wirkungen der in unsern Zeiten gænzlich in Vergessenheit gerathenen Sonnenbæder hinzufügen.

Die alten Griechen und Rœmer setzten bei Heilung der Krankheiten einen sehr hohen Werth darauf. Sie kannten ihre reitzenden Wirkungen sehr gut, und brauchten sie in mancherley adynamischen Krankheiten. In Krankheiten mit erhœhter Reitzbarkeit benutzten sie hingegen die Einwirkung der Dunkelheit. Dem Celsus zufolge bedienten sich die Alten der Sonnenbæder nach Ermüdungen allerhand Art. Nach dem ældern Plinius war es sehr gewœhnlich, œdematœse Fussgeschwülste den Sonnenstrahlen auszusetzen. Caelius Aurelianus ræth sie in Wassersuchten; Aetius bei übermæssiger Fettheit und adynamischem Kopfweh. Ueberhaupt war sie eines der vorzüglichsten Mittel bei allen Krankheiten von Schwæche. Hætten die Alten die neuern Untersuchungen *) über die Wirkung des Lichts gekannt, sie würden gewiss ein treffliches Mittel noch mehr in Anwendung gebracht haben, was wir bei allen unsern theoretischen Kenntnissen in neuern Zeiten so unverantwortlich vernachlæssigen.

---

*) Vorzüglich diejenigen von Dorthes in Annales de Chymie 1789. T. II. p. 92-100.

III.
Ueber den Verfall des Gebrauchs der Bæder.

Allgemeine Betrachtungen — Uebertreibung der Gymnastik und des Badens waren die erste Veranlassung zu ihrem Verfall — Ausartung der Sitten trug dazu bei — In den Griechischen Pflanzstædten in Italien erhielten sich die Thermen am længsten — Einfluss der Christlichen Religion auf den Verfall des Badegebrauchs — Zerstœrung der Badeanstalten in Rom durch die Gothen, Vandalen, Heruler und Ostro-Gothen — Die Bæder am Rhein wurden durch Alemannen und Franken zerstœrt — Einfluss des Verfalls der Gelehrsamkeit — Die Bæder kamen zuerst durch die Araber wieder in Aufnahme — Kaiser Carl der Grosse befœrderte den Badegebrauch — Einfluss der Feudalverfassung — Die Klœster trugen zur Erhaltung des Badebrauchs bei — Einfluss der Kreuzzüge — Ansteckende Krankheiten befœrderten den gænzlichen Verfall der Bæder — Aussichten für die Zukunft. —

Den Badegebrauch der Alten hat das Loos aller menschlichen Dinge getroffen;

indem er allmæhlig gænzlich in Verfall gerathen ist.

Wie dies zugegangen ist, wollen wir jetzt in der Kürze auseinander setzen.

Die ganze Weltgeschichte lehrt uns, dass jede schœnere Blüthe der Humanitæt wieder verwelkte; dass Nichts bestændig war; dass mit dem Verfalle der Staaten ihre Gebræuche verloren gingen und fast nie unter denselben Formen bei andern Vœlkern wieder erschienen.

Die erste Veranlassung zum Verfall nützlicher Einrichtungen gab gemeiniglich die Uebertreibung derselben. Mit der Gymnastik war dies wenigstens der Fall. Sie artete nemlich allmæhlig in die schædliche Athletik aus. Als an die Stelle von mæssigen Leibesübungen, blutige Fechterspiele, grausame Thierkæmpfe und andere von einem rohen Geschmacke zeugende œffentliche Schauspiele traten: so ging der eigentliche Zweck der Gymnastik verloren und das Kunstgemæsse Baden gerieth zugleich in Vergessenheit. Aber auch Staatsverhæltnisse befœrderten den Verfall der nützlichen Gymnastik und des damit verbundenen Gebrauchs der Bæder.

So wie das Weltbeherrschende Rom durch übertriebene Ausdehnung seiner Eroberungen seinen Fall vorbereitete, so litt auch dadurch die ursprüngliche Volkserziehung. Die einfachen Rœmersitten verloren immer mehr ihr Ansehen, und fremde schlichen sich dagegen ein. Die Legionen, welche das reiche Asien ausgeplündert hatten, brachten mit den geraubten Schætzen eine Neigung zum Luxus und zu weichlicher Lebensart nach Rom zurück. Sie hatten sich an Bedürfnisse gewœhnt, die sie vorher nicht kannten; und die ungeheuren Summen Geld, die sie mitbrachten, erleichterten die Befriedigung derselben.

Einen vorzüglich schædlichen Einfluss hatte die allgemeine Verbreitung der schœnen, bloss das Vergnügen befœrdernden, Künste. Als die fremden, besonders Aegyptens, Griechenlands und Etruriens Künste in Rom Eingang fanden, verænderte sich die Seelenstimmung der Rœmer dergestalt, dass die Mænnlichkeit und Festigkeit des Karakters, welche ihnen über andere, in Ueppigkeit versunkene, Vœlker ein so grosses Uebergewicht verschaffet hatten, dadurch immer mehr abnahmen.

Dies ging zuletzt so weit, dass reiche Bürger die Kriegsstrapazen und Gefahren zu scheuen anfingen und durch Miethlinge ihre Rechte vertheidigen liessen. Jetzt waren physische und Seelen-Energie nicht mehr so durchaus nothwendige Erfordernisse für jeden einzelnen Bürger, als in den vorhergegangenen Zeiten. Deswegen wurden die hergebrachten Mittel, diese zu erlangen, immer mehr vernachlæssigt. Der Kunstgemæsse Badegebrauch, der dazu gehœrte, verlor seine nützliche Tendenz, und gab zu Wollüsten und schændlichen Ausschweifungen Veranlassung.

Desungeachtet wurden unter der Regierung der ersten zwœlf Cesaren bis im Anfange des vierten Jahrhunderts nach Christi Geburt die præchtigsten und üppigsten Thermen und Privatbæder erbauet; obgleich die Schriftsteller des dritten und vierten Jahrhunderts der systematischen Gymnastik und Badekunst gar nicht mehr erwæhnen.

Die nützlichen palaestrischen Uebungen und der kunstgemæsse Badegebrauch erhielten sich noch am længsten in Italien in den Griechischen Pflanzstædten, besonders aber in Neapel. Unter der Regierung des Titus waren sie daselbst im Flor, wie dies aus einer, bei Neapel gefundenen, Inschrift erhellt, die Ignara *) bekannt gemacht hat.

Unter dem Kaiser Trajan existirten noch das Gymnásium in Neapel, wie dies aus zwei Inschriften von den Jahren 110 und 114 erhellt. Noch im Jahre 181, im zweiten Jahre der Regierung des Kaisers Commodus findet man Nachrichten von den palæstrischen Uebungen in Neapel.

Ungeachtet des Vergnügens, welches einige Kaiser an den alten palæstrischen Uebungen fanden, so standen sie in Rom bereits unter der Regierung des Kaisers Nerva in geringem Ansehen, wie dieses aus einem Briefe des jüngern Plinius (lib. IX. 22) an Sempronius erhellet. Unter dem Kaiser Trajan hielten es viele, ursprünglich Rœmische Bürger unter ihrer

---

*) De Phratriis primis Graecorum politicis Societatibus commentarius in quo Inscriptiones Phratricae Neapolitanae illustrantur. Neapoli 1797. 4. Cap. X. de urbis Neapolis Regione Herculanensium.

Würde, palæstrische Uebungen zu machen, und Griechen aus Alexandrien in Aegypten gaben sich fast ausschliesslich noch damit ab, wie dies mehrere Inscriptionen am Farnesischen Pallaste zu Rom beweisen.

Am meisten trug zum Verfall des kunstgemæssen Badegebrauchs in den Thermen, die immer mehr zunehmende Ausbreitung der Christlichen Religion bei. Die trefflichen Lehren ihres Gœttlichen Stifters mussten die ersten Christen mit Abscheu gegen die œffentlichen blutigen Uebungen der Gladiatoren und Athleten, und gegen unzüchtige Auftritte in den œffentlichen Bædern erfüllen. Ueberdies trug der Hass der Christen gegen die Vœlker, unter denen sie lebten, und deren Verfolgungen sie ausgesetzt waren, viel dazu bei, dass sie ihre Gebræuche verachteten, und aus frommem Enthusiasmus ohne allen Unterschied als heidnisch verschrien. Missverstandene Begriffe von Frœmmigkeit erstickten allmæhlig bei ihnen sogar alle Gefühle der Geselligkeit. Sie flohen das gesellschaftliche Leben, und hingen in wüsten Einœden ihrer religiœsen Schwærmerey nach. Es entstand daraus ein Ueberdruss des Lebens, und viele schætzten sich glücklich, den Mærtyrertod zu erleiden.

Dass bei dieser überspannten Denkungsart die Pflege des Kœrpers am wenigsten in Betracht kam, und also auch der Gebrauch des Badens vernachlæssiget wurde, darüber kann man sich nicht wundern.

Als endlich Constantin der Grosse die Christliche Religion annahm, und ihr im ganzen Rœmischen Reiche die Oberhand verschaffte, so verænderte sich die ganze Rœmische Verfassung, und mit derselben die vormaligen Grundsætze und Gebræuche. Hierdurch wurde das ganze ungeheuere Gebæude des Rœmischen Staates in seinen Grundvesten erschüttert, und næherte sich immer mehr seiner gœnzlichen Zerstœrung.

Von der vormaligen Gymnastik blieb keine Spur übrig, und der Gebrauch der œffentlichen Bæder gerieth immer mehr in Verfall. Indess waren in Byzantium, wohin Constantin seine Residenz verlegte, Badeanstalten, deren er sich gegen das Ende seines Lebens bei einem hartnæckigen Wechselfieber bediente. In Rom und in den übrigen Provinzen des Rœmischen

Reiches hœrte hœchst wahrscheinlich der Gebrauch der œffentlichen Bæder noch nicht ganz auf.

Als die Rœmer unter den folgenden Kaisern durch Weichlichkeit und Ueppigkeit immer mehr entnervet wurden, und den Einfællen der mænnlichern Gothen, Hunnen, Alanen und anderer Vœlker, die aus wüsten nordischen Gegenden in immer zunehmender Menge eindrangen, keinen Widerstand mehr leisten konnten, so zerfiel endlich der ehemals weltbeherrschende, Rœmische Staat in Trümmer, und zu gleicher Zeit kam der Gebrauch der œffentlichen Bæder immer mehr in Verfall. Die præchtigen œffentlichen Thermen und Privatbæder wurden grœssten Theils in Schutthaufen verwandelt, als die Gothen unter Anführung ihres Kœnigs, Alarich, im Jahre 410. nach Christi Geburt, unter der Regierung des elenden Kaisers Honorius, Rom einnahmen und wæhrend drei Tage verheerten und plünderten. Was die Gothen davon verschont hatten, wurde bald nachher von den Vandalen unter Anführung ihres Kœnigs Genserich, von den Herulern, unter Odoacer und von den Ostro-Gothen

unter Theodorich grœssten Theils zerstœrt. Mehr noch scheinen aber, wenn
sonst Gibbon Recht haben sollte, diese
Denkmæler Rœmischer Kunst und Ueppigkeit vom missverstandenen Religionseifer
der Rœmer selbst gelitten zu haben. Fanatische Priester hielten dieselben für Werke des Teufels, und munterten zu ihrer Zerstœrung auf. Auch trugen im Mittelalter
der gænzliche Mangel an Gefühl für das
wahre Schœne sowohl, als die vielen
Kriege zu ihrer Zertrümmerung bei. In
den neuesten Zeiten war elender Geiz wohl
die Hauptursache der fernern Zerstœrung
dieser Ueberbleibsel, indem die Grossen
ihre Pallæste meistens mit den Trümmern
der Baukunst der Vorzeit haben aufführen
lassen.

Die Rœmischen Bæder an den Ufern
des Rheins wurden meisten Theils durch
Deutsche Vœlker, besonders durch die
Alemannen und Franken, und diejenigen
in den übrigen Provinzen des Rœmischen
Reiches von andern Vœlkern, die bei der
grossen Vœlkerwanderung das westliche
und südliche Europa überstrœmten, in
Ruinen verwandelt.

So ging der Gebrauch der œffentlichen Bæder in jenen Zeiten der Verwirrung fast ganz verloren, wo immer ein Volk das andere verdrængte, und Barbarei und Unwissenheit den grœssten Theil des Erdkreises verfinsterte.

Ueberhaupt mussten wohl alle, zum allgemeinen Besten abzweckende Anstalten in diesen unglücklichen Zeiten in Verfall gerathen.

Die næchst folgenden Jahrhunderte sind der Erhaltung des systematischen Badegebrauchs nicht günstiger gewesen. Hieran war die Macht der Hierarchie vorzüglich Schuld. Ueberspannte Religionsbegriffe erstickten damals jeden Keim des Selbstdenkens und brachten die Vœlker unter das Joch der schimpflichsten Geistessklaverey. Der fanatische Pabst **Gregor der Erste** verbot das Lesen Griechischer und Rœmischer Schriftsteller, und verfolgte mit Wuth diejenigen, die dabei ertappt wurden, als Anhænger des Heidenthums. Im siebenten Jahrhunderte war daher der Verfall der Wissenschaften auf das hœchste gestiegen, und es gab gar keine Bildungsanstalten zur Gelehrsamkeit mehr. Die Mœnche selbst konnten zum Theil weder lesen noch schreiben. Indess übten sie ausschliesslich die Arzneykunst aus, und bedienten sich meisten Theils nur aberglæubiger Mittel, die beim einfæltigen Pœbel ihr Ansehen vermehrten. Der Gebrauch der Bæder kam in dieser Zeitperiode immer mehr in Verfall. Sogar wurde derselbe von der Geistlichkeit eingeschrænkt und ganz- verboten. So erlaubte der heilige Augustin in seinen Regeln für Mœnche den Jungfrauen monathlich nur Ein Mahl zu baden. Der heilige Hieronymus verfuhr noch strenger, indem er nach den Jahren der Kindheit den Gebrauch der Bæder gænzlich untersagte, um das Feuer bœser Lüste nicht auflodern zu machen.

Als im Anfange des achten Jahrhunderts die wissenschaftliche Cultur, und besonders die Arzneykunde der Griechen und Rœmer, durch eine sonderbare Verkettung von Umstænden bei den Arabern wieder aufblüthte, so kam der kunstgemæsse Badegebrauch sowohl im Orient, als in Spanien, welches die Saracenen erobert hatten, wieder in Ansehen.

Auch trug in jenem Zeitalter der mit

Recht gross genannte Kaiser Karl zur Erhaltung des kunstgemæssen Badegebrauchs nicht wenig bei. Einen vorzüglichen Einfluss darauf hatte dieser unsterblich berühmte Regent dadurch, dass er das Studium der Griechen und Rœmer wieder aufweckte, und allerhand Anstalten zur Befœrderung der Gelehrsamkeit anordnete. Auch durch sein Beispiel brachte er den Gebrauch der Bæder in grossen Ruf. Er hielt so viel darauf, dass er Aachen zu seiner Residenz wæhlte, um sich der dortigen Bæder bedienen zu kœnnen. Er suchte auch, dem Berichte seines Geheimschreibers Eginhart *) zufolge, alle seine Hofleute zu ihrem Gebrauch zu überreden.

---

*) Vita Caroli Magni c. 24. p. 114., wo er sich folgendermassen ausdrückt: Delectabatur vaporibus aquarum calidarum naturalium, frequenti natatu corpus exercens, cuius adeo peritus fuit, ut nullus ei, juste potuerit praeferri: ob hoc etiam Aquisgrani Regiam exstruxit ibique extremis vitae annis usque ad obitum continuo habitavit, et non solum filios ad balneum verum etiam optimates et amicos, aliquando etiam satellitum et custodum turbam in-

Unter den ersten Nachfolgern Carl des Grossen blieben die Wissenschaften begünstiget, und der Badegebrauch scheint sich noch erhalten zu haben; besonders nachdem die Arabische gelehrte Cultur sich mehr im westlichen Europa ausgebreitet hatte.

Obgleich der Pabst Sylvester der Zweite im zehnten Jahrhunderte die Arabische Arzneikunde befœrderte, so scheint der Gebrauch der Bæder damals und im eilften und zwœlften Jahrhundert abgenommen zu haben, wozu wohl die allgemeine Verwirrung, welche die Feudalverfassung anrichtete, das meiste beitrug. Moehsen *) behauptet: dass die Bæder damals in Deutschland vernachlæssigt worden. Dass der Gebrauch derselben in diesen Zeiten der bürgerlichen Kriege und der Anarchie sehr abgenommen, erhellt auch daraus, was Moehsen anführt. Er behauptet:

---

vitavit, ita ut nonnunquam centum vel eo amplius homines una lavarentur.

*) Geschichte der Wissenschaften in der Mark Brandenburg. S. 283.

dass es in diesem Zeitalter den Regenten und Geistlichen schwer geworden wære, die Menschen an Reinlichkeit, und den Gebrauch der Bæder zu gewœhnen, die doch, wegen des herrschenden Aussatzes, doppelt nothwendig gewesen. Die Mœnche bedienten sich in der Hinsicht damals des Kunstgriffes, dass sie den Badegebrauch durch religiœse Grundsætze heiligten, indem sie behaupteten: dass durch das Baden die Sünden abgewaschen, und Absolution von allen Vergehungen erhalten werden kœnnte. Diese Bæder nannten sie Seelenbæder (balnea animarum, refrigeria animi). Unter diesem Vorwande erhielten sie Vermæchtnisse, wofür sich arme Leute entweder in den Klœstern, in den Hospitælern, oder den Badestuben frey baden durften, auch auf Verlangen geschrœpft und zur Ader gelassen werden konnten, und gespeiset, oder mit Brot, Bier und Salz beschenkt wurden. Diese Werke der Wohlthætigkeit sollten auf das Wohl der Seelen der Stifter im Fegefeuer einen Einfluss haben, sie abkühlen und ihre Pein vermindern.

Die Ritter und Knappen scheinen damals

auch keine Muster der Reinlichkeit gewesen zu seyn, und an Bædern grossen Gefallen gefunden zu haben, weil ein Gesetz nothwendig war, nach welchem kein Ritter in einem Orden Aufnahme fand, und kein Knappe den Ritterschlag erhielt, wenn sie nicht am Abend vorher gebadet und ihre schmutzigen, langen Bærte hatten abnehmen lassen.

Auch durfte damals kein Brautpaar getrauet und kein Gast zur Hochzeit gelassen werden, wenn sie sich nicht vorher gebadet hatten. Die Handwerker suchte man dadurch an die Bæder zu gewœhnen, dass sie alle Sonnabend durch eine Procession der Lehrlinge der Bader, unter dem Klange der Becken, zum Baden aufgemuntert wurden.

Die Kreuzzüge haben auf mancherlei Weise zur Erhaltung des Badegebrauchs mitgewirkt.

Zuerst ist es begreifflich, dass, da die œffentlichen Badeanstalten zu der Zeit im Orient allgemein üblich waren, auch die Kreuzfahrer sich daran immer mehr gewœhnten, und diese Gewohnheit in ihr Vaterland zurückbrachten.

Zweitens, wurde damals die Reinlichkeit eine noch viel nœthigere Vorsichtsmassregel als vorher, weil der Morgenlændische Aussatz sich auch im Occident verbreitete und den Abendlændischen verschlimmerte.

Drittens, war auf den abenteuerlichen Zügen nach dem heiligen Grabe eine so ungeheure Menge von Mænnern umgekommen, dass ein auffallendes Missverhæltniss zwischen beiden Geschlechtern entstand.

Dies soll, dem berühmten Kurt Sprengel *) zufolge, Anlass zur Vermehrung der Nonnenklœster, aber auch der œffentlichen Bordelle und anderer, die Unzucht befœrdernden Anstalten gegeben haben. **)

---

*) Versuch einer pragmatischen Geschichte der Arzneikunde. Halle 1793, Th. 2. S. 424.

**) In der Schauder erregenden Schilderung, die dieser treffliche Schriftsteller davon macht, sagt er unter andern: »Die Reuerinnen, oder sogenannten albae Dominae, haben æhnlichen Ursachen ihre erste Stiftung zu verdanken. Dieser Magdalenen-Orden trat im dreizehnten Jahrhundert in eine Ordensverbindung zu Marseille zusammen, die vom Pabst Nikolaus III. unter dem Namen filiae Dei

Da nun die daher entstandenen Ausschweifungen die unreinen Krankheiten (mal vengut de paillardiso) sich ungeheuer ver-

---

bestætigt wurde. Jedes Mædchen, welches des sinnlichen Genusses überdrüssig war, trat in diesen Magdalenen-Orden, wo sie mit mehr Auswahl und Geschmack ihren Vergnügungen nachhængen konnte. Der weltliche Orden der fahrenden Weiber oder treibenden Mægde entstand auch erst seit dem Anfange des zwœlften Jahrhunderts, und hatte seinen Grund ebenfalls in dem Mangel ehefæhiger Mannspersonen. Diese Mædchen zogen auf Jahrmærkten, Reichstagen, Kirchenversammlungen u. s. w. ihrer Nahrung nach, und dienten den geistlichen Herrn unter dem Namen schœner Frauen zu Focariis. Endlich wurden auch die Frauen- oder Mædchenhæuser seit den Kreuzzügen so gemein, dass keine mittelmæssige Stadt sich ohne mehrere derselben behelfen konnte. Durchgehends aber wurden bis auf die Zeiten der Reformation die Mædchenhæuser für ein nothwendiges Stück der Polizei angesehen, und waren fast eben so gemein, als unsere Gasthœfe.« — Aber auch bei Nonnenklœstern der damaligen Zeit scheinen die Ausschweifungen sehr allgemein

mehrten, so wurden die œffentlichen Badeanstalten viel nothwendiger, als jemals.

Viertens wurden durch die, wæhrend der Kreuzzüge eingerissene, üppige Lebensart die Badeanstalten ein Gegenstand des Luxus, wodurch ihr Gebrauch zur Mode gehœrte.

Manche von den Ursachen, die zur Zeit der Kreuzzüge den Gebrauch der œffentlichen Bæder in Ansehen erhielten, trugen in Verbindung einiger andern Verhæltnisse dazu bei, dass er im sechszehnten Jahrhunderte ganz in Verfall gerieth.

So wie bei den alten Rœmern der Missbrauch der Bæder ihren Verfall vorbereitete, so ging es auch wæhrend der Kreuzzüge; wo der Luxus, der mit den Bædern getrieben wurde, sie in übeln Ruf brachte.

---

gewesen zu seyn, indem Markgraf Friedrich, nach Henslers Bericht (Von dem Abendlændischen Aussatze S. 218.) den jungen Buhlern den freyen Eingang im Nonnenkloster zu Stadt am Hof untersagte; indess um den armen Schwestern nicht allen Trost zu nehmen, doch einen unterirdischen Gang für die Mœnche offen liess.« —

Am meisten haben, meiner Ueberzeugung zufolge, die ansteckenden Krankheiten, welche wæhrend des Mittelalters durch Vernachlæssigung der lændlichen Industrie, durch Stœrung der gesellschaftlichen Ordnung, durch unaufhœrliche Kriege, durch den Einfluss des dümmsten Aberglaubens und der empœrendsten Sittenlosigkeit, hæufiger waren, als in frühern und spætern Zeitaltern, zur Vernachlæssigung der Bæder beigetragen. *)

---

*) Wenn Raymond's (Histoire de l'Elephantiasis contenant aussi l'origine du scorbut, du feu Saint Antoine, de la verole etc., avec un précis de l'histoire physique des tems. Lausanne 1767. p. 104.) Berechnungen richtig sind, so herrschten von Gründung der Rœmischen Republik an, bis auf die Regierung des Kaisers August, wæhrend der Zeit von 732 Jahren, drei und dreissig Pesten, oder grosse, ansteckende Krankheiten in Europa. Von Christi Geburt an, bis zum Jahre 1680, wütheten sieben und neunzig dergleichen Pesten. Vom Jahre 1006 bis zum Jahre 1680, also vorzüglich im Mittelalter, haben zwei und fünfzig Pesten Europa verheert. Wæhrend der allgemeinen Verwirrung

Vorzüglich scheinen hierdurch seit der Mitte des vierzehnten Jahrhunderts die Badeanstalten sich allmæhlig ihrem gænzlichen Verfall im Abendlændischen Europa genæhert zu haben. Besonders haben die ansteckenden Krankheiten, die von der Mitte des vierzehnten Jahrhunderts an, bis ins sechszehnte Jahrhundert im Occident wütheten, dazu beigetragen.

Die grosse schreckliche, aus dem Morgenlande gekommene Pest, welche von dem Jahre 1347 oder nach andern 1348 an, den grœssten Theil der Bevœlkerung von Europa aufrieb *), hat zuverlæssig die Ver-

---

der Staaten im vierzehnten Jahrhunderte waren allein vierzehn über ganz Europa allgemein verbreitete, schreckliche, ansteckende Seuchen. Wæhrend des fünfzehnten und sechszehnten Jahrhunderts finden wir Nachrichten von zwœlf minder verheerenden Pesten, und nach dem Jahre 1680, wo die Regierungen einen hœhern Grad der Energie zeigten, und bessere Gegenanstalten trafen, haben dergleichen allgemeine, in ganz Europa verbreitete, Seuchen nicht existirt.

*) Der grosse, über sein Zeitalter weit erhabene, Petrarca schildert diese ausserordentliche Ent-

nachlæssigung der Bæder zur Folge gehabt.

Indess waren sie noch am Ende des Jahrhunderts wenigstens in Frankreich sehr im Gebrauch, welches daraus erhellet, weil Jacob Despars bei einer ausgebrochenen, ansteckenden Fleckfieber-Epidemie, gegen den Gebrauch der gemeinschaftlichen Badeanstalten warnete, und deswegen durch Verfolgung der Bader Paris verlassen musste.

Auch wære es wohl unmœglich gewesen, dass ein ehemals so allgemein eingeführt gewesener Volksgebrauch schnell sich hætte verlieren kœnnen. Im Anfange und wæhrend der ersten Hælfte des fünfzehnten Jahrhunderts erhielt er sich noch. Aber in der zweiten Hælfte desselben gerieth er gænzlich in Abnahme. Ausser mehrern schrecklichen Epidemien von pestilentialischen Fiebern zeigten sich an-

---

vœlkerung in seinen vertrauten Briefen (l. VIII. ep. 7. p. 770.). In Venedig starben allein hundert tausend Menschen. In andern Lændern sogar von hundert Menschen neunzig bis fünf und neunzig.

dere, bis daher unbekannt gewesene, ansteckende Krankheiten. Der epidemische Scorbut, die Englische Schwitzkrankheit (Sudor Anglicus), und besonders die im Jahre 1493. ausgebrochene Lustseuche waren die Hauptveranlassung, dass die œffentlichen Volksbæder in der Folge gænzlich ausser Gebrauch kamen. Kurz nach dem Ausbruche dieser schrecklichen Krankheit warnten die Aerzte gegen den Gebrauch gemeinschaftlicher Bæder.

Der erste bekannte Schriftsteller über die Lustseuche, Conrad Schellig*) (Leibarzt des unglücklichen Pfalzgrafen Philipp, und Professor in Heidelberg), der nach des, leider, zu frühe verstorbenen berühmten Archiaters Hensler Nachforschungen entweder im Jahre 1494 oder 1495 schrieb, warnt bereits wegen Gefahr der Anstekkung vor den œffentlichen Schwitz- und warmen Bædern.

---

*) Ein kurz Regiment von Konrad Schellig von Heydelberg, Doctor der Erznei, und unsers gnædigstens Pfalzgraven Leibarzt. Es ist eine Vorrede dabei, von Jac. Wimpfeling, der damals auch Professor in Heidelberg war.

Johann Vochs *), der im Jahre 1507. eine Schrift von der Pest schrieb, und die Lustseuche auch für eine Art der Pest **) hielt, muss viel Erfahrungen über die Ansteckung derselben durch œffentliche Bæder gemacht haben, weil er ihren Gebrauch durchaus verbiethet.

Zur Zeit, als Ulrich von Hutten über den Guaiak und die Lustseuche schrieb (1519) kamen nach Henslers ***) Zeugniss, die œffentlichen Bæder auch in Italien, aus Furcht der Ansteckung, in Verfall.

Im Jahre 1529 warnete Magnus Hund ****) vor dem Bade, und insonderheit in gemeinen Badestuben.

---

*) De pestilentia 1507 p. 1. cap. 15.

**) Ueberhaupt hatten die ältern Aerzte nicht immer ganz bestimmte Begriffe von der Pest.

***) Geschichte der Lustseuche, die zu Ende des fünfzehnten Jahrhunderts in Europa ausbrach. Altona 1783. B. 1. S. 106.

****) Ein kurzes Regiment wider dye erschreckliche Krankheit der Pestilenz u. s. w. durch Magistrum Magnum Hund von Magdeburgk des Fürsten Collegiums zu Leipzigk Collegiaten im 29 Jar.

Die Beispiele der Ansteckung durch Bæder müssen in jenen Zeiten hæufig vorgekommen seyn, weil so ernstlich dagegen von den damaligen Schriftstellern gewarnet wird.

Ein Beispiel der Ansteckung der Lustseuche durch œffentliche Bæder hat im Jahre 1577 grosses Aufsehen gemacht. Es wurden nemlich alle Personen, die in einer und derselben Badestube in Brünn in Mæhren gebadet hatten, früher oder spæter von der Lustseuche befallen, wie dies Thomas Jordan *) bezeugt.

Dergleichen Beispiele mussten nothwendig Schrecken einflœssen, und allmæhlig den Gebrauch der œffentlichen Bæder gænzlich in Verfall bringen.

In Hinsicht auf den allmæhligen Verfall der œffentlichen Bæder muss auch noch in Anschlag gebracht werden, dass in den Zeiten, da man keine Hemden trug, ihr Gebrauch der Reinlichkeit wegen, viel unentbehrlicher war, als seitdem die Hemden allgemein als Kleidungsstück eingeführt worden.

---

*) M. s. Gruner Script. de morbo Gallico p. 5o5.-seq.

Der Gebrauch der œffentlichen Volksbæder hat sich unter allen Lændern in Europa nur noch in Russland und Hungarn erhalten.

Im sechszehnten Jahrhunderte wurde noch mehr im übrigen Europa, als im siebzehnten, und einem grossen Theil des achtzehnten gebadet, und grœssten Theils geschah es nur des Vergnügens wegen.

In der Schweiz, Italien und Frankreich hielt man, wæhrend des Verlaufes der letzten Jahrhunderte, noch mehr auf die Bæder, als in Deutschland, und vielen andern Europæischen Lændern. In den meisten morgenlændischen Staaten, zum Beispiel in der Türkey, Persien, Barbarey u. s. w. herrscht das Baden als allgemeine Volkssitte.

Die kalten Bæder kamen ungefæhr seit dem Anfange des vorigen Jahrhunderts in England in Aufnahme, und wurden daselbst und in andern Lændern, wo man die Englischen Methoden befolgte, vorzüglich als sogenanntes nervenstærkendes Heilmittel angewandt, und leider sehr gemissbraucht.

Der Gebrauch lauwarmer Bæder ist seit der Mitte des vorigen Jahrhunderts mehr in Gang gekommen. Franzœsische und Schweizerische Aerzte trugen am meisten dazu bei.

Jetzt vermehren sich in allen cultivirten Lændern von Europa die Badeanstalten von Tage zu Tage; obgleich sie noch keine Volkssitte geworden sind.

In Deutschland haben unstreitig unter Andern Zimmermann, Marcard und Hufeland viel zur Ausbreitung der Badeanstalten mitgewirkt. Indess sind die ehemals daselbst vorhanden gewesenen Volksbadehæuser noch nicht wieder eingeführt.

Die besten, bequemsten und zweckmæssigsten Badeanstalten habe ich in Paris gesehen. Fast in allen bedeutenden Quartieren der Stadt sind Bæder um ziemlich billige Preise zu haben. Reiche Privatpersonen haben eigne, geschmackvoll eingerichtete Badeanstalten in ihren Hotels.

Oeffentliche Reinlichkeitsbæder gibt es daselbst jetzt sehr viele, die durch reitzende Einrichtungen und Umgebungen anlocken, z. B. les bains Chinois, und les bains de Tivoli, und de la rue du Temple. Unter den andern zeichnen sich diejenigen von Poitevin, die auf einem Schiffe in der Seine liegen, und die bains d'Albert, am meisten aus.

In Deutschland dürften jetzt wohl wenige bedeutende Stædte vorhanden seyn, wo nicht Fluss- und andere Badeanstalten angelegt worden wæren.

In Mannheim sind einige treffliche Anstalten dieser Art, unter denen sich diejenigen der Herrn Etienne und Hagemaier durch zweckmæssige und geschmackvolle Einrichtungen vorzüglich auszeichnen. Beide sind mit reitzenden Gærten, und andern schœnen Umgebungen versehen, und werden wæhrend des Sommers sehr hæufig, und zwar mit grossem Nutzen in mancherlei Krankheiten besucht. Arme Leute, die mit einem Zeugnisse ihres Districts-Arztes versehen sind, erhalten in der Hagemaierschen Anstalt, freie, einfache und componirte Bæder. *)

---

*) Es dürften wenige Stædte in Deutschland seyn, worin die Armenanstalten einen solchen Grad der Vollkommenheit haben, und wahrscheinlich noch immer mehr erhalten, als in Mannheim. Hiezu

Auch ein Flussbad findet man auf dem Rhein bei Mannheim.

Im übrigen Deutschland wetteifert man wenigstens in allen beträchtlichen Städten dergleichen Anstalten zu errichten. Merkwürdig sind diejenigen des würdigen Dr. Heineken in Bremen, des Medicinalrath von Schallern in Bayreuth, des Dr. Welper in Berlin, die Kohlische Anstalt in Frankfurt, die des Dr. Ferro in Wien, und viele andere mehr. Die vielen Kurœrter, die alle Sommer des Badens wegen besucht werden, sind bekannt. Die Seebadeanstalt in Doberan, wo einer unserer trefflichsten Deutschen Aerzte, S. G. Vo-

---

haben die huldvollen Gesinnungen unsers erhabenen Grossherzogs, die weisen Anordnungen der Armenpolizeycommission, und die mildthætige Denkungsart der biedern Einwohner der Stadt mitgewirkt. Folgende Werke ertheilen darüber interessante Aufschlüsse: Einrichtung der Armenanstalt zu Mannheim 1804. 4. Gaum praktische Anleitung zur vollstændigen Armen-Polizey-Einrichtung. Mit besonderer Rücksicht auf das Armenwesen in Mannheim. 8. 1807.

gel, von dem Geiste der Alten belebt, grosse psychische und physische Kuren verrichtet, macht unserm Vaterlande Ehre. Es scheint überhaupt, dass der Geschmack am Baden im Zunehmen ist, welches, wenn die Bæder gehœrig benutzt werden sollten, eine frohe Aussicht für die Menschheit erœffnet.

IV.

Ueber die Nothwendigkeit, die œffentlichen Bæder der Alten allgemein wieder einzuführen.

Der Badegebrauch der Alten und der damit verknüpften Frictionen und Leibesübungen darf und kann nur mit den nothwendigen Rücksichten auf den Zustand unserer Cultur und unserer Staatsverfassungen empfohlen werden — Betrachtung dieser Gebræuche der Alten in hygiastischer Hinsicht — Sie dienen zur Erhaltung und Vermehrung der Lebens-Energie — Ueber die Schwæchlichkeit unserer Generazion, insonderheit unter den cultivirten Klassen derselben — Græssere Frequenz von Krankheitsanlagen in unsern Zeiten — Mangel an leichtem, frohem Sinne — Die Wiedereinführung der Bæder der Alten ist Sache der ganzen Menschheit — Einführung derselben in therapeutischer Hinsicht — Sind besonders in prophylaktischer Hinsicht wichtig — Bestimmung des rechten Moments ærztlicher Thætigkeit — Die Bæder, Frictionen und Leibesübungen als eigentliche klinische Hülfsmittel betrachtet — Ex-

treme der Aerzte in Hinsicht des Heilverfahrens — Schædlichkeit des Sektengeistes und des blinden Nachbetens — Das Heilverfahren der Alten stimmt mit den neuen Entdeckungen über die Lebenskraft überein — Die Erfahrung spricht dafür — Auch der Bau unserer Organisation — Das Hautorgan steht im grœssten Conflict mit der œussern Welt — Beobachtete Wirkungen œusserer Arzneireitze auf Lungen und Haut — Dynamische Wirkung der Arzneien — Neuere Beobachtungen von Italienischen, Franzœsischen und Deutschen Aerzten — Das Heilverfahren der Alten befœrdert die naturgemæsse Entwikkelung und Verbreitung der Wærme, wodurch phthisische Krankheiten verhütet werden — Die Wirkungen davon sind dauerhaft — Annehmlichkeit dabei — Ermunterung den Badegebrauch der Alten und die damit verbundenen Frictionen und Leibesübungen allgemein wieder einzuführen.

Wenn ich in diesem Abschnitte von der allgemeinen Wiedereinführung der Bæder des Alterthums rede, so versteht sich von selbst, dass dies nur Bedingungsweise geschehen kann und darf. Die œffentlichen Bæder sowohl in den Thermen als ausser denselben hatten in ihren Einrichtungen sehr viel Eigenthümliches, was nur zu dem Standpunkte der Cultur und der individuellen Staatsverfassungen passte, worauf Griechen und Rœmer waren.

Bei den Griechen und Rœmern machten die Bæder einen Theil der Gymnastik aus; welche, wæhrend des grœssten Flors dieser Vœlker, als Erziehung zu den Hauptzwecken des Staates angesehen wurde. Jeder Bürger gehœrte mit allen seinen physischen und psychischen Kræften næher dem Staate an, als es bei unsern Verfassungen seyn kann. Auch hat diese Staatserziehung die vielen grossen Mænner hervorgebracht, deren Vaterlandsliebe und kriegerische Thaten die spæteste Nachkommenschaft noch bewundert. Hierdurch konnten die Rœmer auf ihrer Heldenbahn Beherrscher des grœssten Theils der damals bekannten Welt werden.

Aber die guten Folgen des kunstgemæssen Badegebrauchs und der damit verbundenen gymnastischen Erziehung haben bei allen Verschiedenheiten der ældern Staatsverfassungen von den neuern eine andere hœchst interessante Seite, von welcher sie zum Emporsprossen der schœnsten Blüthen der Humanitæt kræftig mitwirken kœnnen.

Nur mit wenigen Worten kann ich für

jetzt die Hauptmomente der Einwirkung derselben auf das Wohl des Menschengeschlechts andeuten, weil eine genauere Auseinandersetzung mich, für meinen gegenwærtigen Zweck, viel zu weit führen würde.

Vorzüglich werde ich sie in hygiastischer und therapeutischer Hinsicht betrachten.

Was das Gesundheitswohl einzelner Vœlker und Menschen betrifft, so gibt es viel mehr Nüanzen davon, als man gewœhnlich glaubt.

Der Begriff von Gesundheit ist relativ. Der verdienstvolle Kramp *) hat dies sehr gut erklært, indem er sagt: »Die Gesundheit ist ein Kreis, dessen Mittelpunkt bloss theoretisch gedacht, aber durch Maas und Gewicht nie bestimmt werden kann. Was jenseits des Umfanges derselben liegt, ist Krankheit. Was noch innerhalb desselben, aber doch dem Umfange næher als dem Mittelpunkte liegt, ist Krankheitsanlage. Die Kunst den Kœrper in diesem Falle von dem

---

*) Kritik der praktischen Arzneikunde mit Rücksicht auf die Geschichte derselben und ihre neuern Lehrgebæude. Leipz. 1795. S. 522.

Umfange weg und dem Mittelpunkte næher zu bringen, ist Diætetik; ist eben so sehr Geschæft des Arztes, als die Kunst Krankheiten zu heilen.« Hieraus erhellt: dass mit dem Gesundseyn viele Gradazionen vereinbarlich sind, welche die Alten mit bona und adversa valetudo sehr gut ausdrückten.

Am glücklichsten sind Vœlker, Geschlechter und Individuen, wenn sie den mœglichst hœchsten Normalzustand der Gesundheit haben, wenn eine solche Harmonie unter den Thætigkeiten des Organismus Statt hat, dass alle Functionen mit dem hœchsten Grade der Leichtigkeit, Kraft und Ausdauer geschehen; womit gewœhnlich Mænnlichkeit und heitere Gemüthsstimmung im engsten Verein stehen.

Hieraus folgt deutlich: dass sowohl ganze Nationen, als Geschlechter und Individuen einer bessern, den hœhern Bestimmungen der Menschheit entsprechendern, Gesundheit geniessen kœnnen, als andere. Nationen kœnnen in Schwæchlichkeit und Weichlichkeit versinken, so wie Geschlechter und Individuen. Wie nun in dem Laufe der Zeit die Lebens-Energie bei Vœlkern, Geschlechtern und Individuen abnimmt, so bilden sich auch, auf die Nachkommenschaft sich leider fortpflanzende, Anlagen zu Krankheiten.

Deswegen gibt es Jahrhunderte, worin die Menschheit einer kræftigern und ausdauerndern Gesundheit geniesst als in andern.

Ich brauche dies wohl nicht mit vielen Beweisen zu belegen. Die ganze Geschichte spricht dafür.

Man findet z.B. nicht in Rœmischen Schriftstellern, dass Rœmische Heere, die unter so sehr verschiedenen Klimaten fochten, viel von Krankheiten gelitten hætten, da doch in unsern Zeiten oft ein bedeutender Theil derselben erkranket, ehe er das Schlachtfeld erreichet. Auch erwæhnen die alten Schriftsteller nicht der Fælle, die in unsern Zeiten so hæufig sind, dass ganze Geschlechter an bestimmten Krankheiten allmæhlich weggeraffet worden.

Noch findet man Vœlker, die sich durch naturgemæsse, einfache Lebensart, fast bestændigen Aufenthalt unter freiem Himmel, mæssige Bewegungen und den Gebrauch der Bæder und Frictionen von uns unterscheiden, welche selten oder gar nicht an adynamischen Krankheiten leiden. Auch gibt es ganze Geschlechter, deren Individuen dauerhafter und kræftiger sind, auch fast durchgængig ein hohes Alter erreichen; welches zum Beweise dient, dass sie weniger ausgeartet sind als andere.

Mit dem Laufe der Jahrhunderte haben Weichlichkeit und Schwæchlichkeit zugenommen, je weniger bei der Erziehung auf Ausbildung des Physischen Rücksicht genommen wurde und je mehr überspannte Begriffe, von hœherer intellectueller Cultur einzig und allein dabei in Betracht kamen. Man vergass, dass der Mensch ein Ganzes ausmacht, worin das Physische mit dem Psychischen in einer harmonischen Wechselwirkung stehen muss. So sank, insonderheit wæhrend der letztern Jahrhunderte, der cultivirte Theil unseres Geschlechtes durch verkehrte Erziehung und Weichlichkeit tief herab. — Sollten dieselben Ursachen noch Ein Jahrhundert fortwirken, wie würde es endlich wohl mit der Klasse der Cultivirten stehen? —

Mich hier in das Detail der Verhæltnisse dieser, von so vielen trefflichen Schriftstellern mit lebhaften Farben geschilderten, Schwæchlichkeit und Weichlichkeit einzulassen, liegt ausser meiner Sphære. Nur dies muss ich bemerken: dass Krankheitsanlagen viel hæufiger sind und leichter in wirkliche Krankheiten übergehen als bei den Vœlkern des Alterthums, dass Mænnlichkeit seltener wird und dass wir bei verminderter Lebens-Energie das Leben weniger geniessen kœnnen, als die Alten, und endlich dass der leichte und frohe Sinn, dessen Zauber die mannigfaltigen Zufælle des Erdenlebens in ein, so viel mœglich ist, vortheilhaftes Licht stellt, immer mehr von uns zu weichen scheint. Unter diesen Verhæltnissen ist es schon in hygiastischer Hinsicht die Sache der ganzen Menschheit, die Mittel, welche die Alten anwandten, um die Lebens-Energie zu erhalten und zu stærken, nicht zu vernachlæssigen.

Freilich sind dies Winke, die nicht missverstanden werden müssen, und besonders nach den Verhæltnissen der Staaten und der Cultur mit den nœthigen Modificationen zu beherzigen sind! —

Noch viel wichtiger scheint mir die Wiedereinführung des Badegebrauchs der Alten und der damit verbundenen Frictionen und

Leibesübungen in therapeutischer Hinsicht zu seyn.

Wenn ich die Wiedereinführung des Badegebrauchs und der damit verbundenen Frictionen und Leibesübungen in therapeutischer Hinsicht einer besondern Betrachtung unterwerfe, so geschieht dies mehr der eingeführten Gewohnheit der Schulen als der Nothwendigkeit wegen. Denn eigentlich sollte die Erhaltung und Stærkung der Lebens-Energie und die Zurückführung der Disharmonien zur Harmonie der organischen Thætigkeiten, auch die Verhæltnisse derselben zum Psychischen unter Einem Gesichtspunkte aufgestellet werden; indem der menschliche Organismus ein unzertrennbares, in bestændigen Wechselwirkungen, sowohl unter seinen Factoren, als mit den Einwirkungen des æussern, bestændig Zerstœrung drohenden Chemismus stehendes Ganze bildet.

Wenn ich nun die Wiedereinführung des Badegebrauchs der Alten und der damit verbunden gewesenen Frictionen und Leibesübungen in therapeutischer Hinsicht wünsche, so ist und kann keinesweges meine Absicht seyn, sie ausschliesslich an die Stelle der Heilmittel zu setzen, welche die Erfahrung so vieler Jahrhunderte bewæhrt gefunden hat.

Nur mœchte ich behaupten: dass sie mehr Aufmerksamkeit verdient, als man ihr bisher geschenkt hat, und dass alsdann die Aerzte besser für die hœhern Bestimmungen des Menschengeschlechts wirken kœnnten, als bisher mœglich war.

Der wichtigste Grund, warum ich meine Zeitgenossen zur allgemeinen Wiedereinführung des kunstgemæssen Badegebrauchs der Alten aufzumuntern als eine Gewissensangelegenheit ansehe, ist: dass dadurch Krankheitsanlagen verhütet, gehoben, und so der Entwickelung vieler, insonderheit adynamischer, Krankheiten besser entgegen gewirket werden kœnnte, als es bisher geschah.

Ueberhaupt scheinen mir die Aerzte der neuern Zeiten zu sehr den Zeitpunkt ausser Acht gelassen zu haben, wann sie durch ihre Kunst den hœchst mœglichsten Nutzen für die Menschheit stiften kœnnen. Zuverlæssig ist es der unrechte, wann adynamische Krankheiten bereits gænzlich entwikkelt und Desorganisationen mancherlei Art entstanden sind. Und doch werden wir bemerken, wenn wir den gewœhnlichen Lauf in dieser Angelegenheit beobachten, dass meistens die Aerzte in kronischen Krankheiten dann um Rath gefraget werden, wann sich dieselben gænzlich gebildet haben; die Aerzte geben alsdann nach eingeführtem Schlendrian die gegen jedes Uebelseyn von jeher gepriesenen Arzneimittel der Reihe nach — und was pflegt die Folge zu seyn? — Linderung erhalten manche Patienten, aber das Uebel wird selten gænzlich gehoben.

Dies Alles geschieht nur, weil Kranke sowohl, als Aerzte den wahren Zeitpunkt verfehlten, wo gegen die Abweichungen von der Normalitæt der organisch-chemischen Thætigkeiten mit Erfolg gekæmpfet werden sollte und konnte. Um die Verfehlung des rechten Zeitpunktes der Thætigkeit der Aerzte zu verhüten, wære zu wünschen, dass Hygiastik, physische und psychische Therapeutik weniger getrennt, enger verbunden und Hand in Hand die Krankheiten des Menschengeschlechts zu verhüten, auszurotten oder zu mildern strebten.

Die Befolgung der Regulative der Hygiastik würde dann sowohl die Lebens-Energie erhalten, vermehren und herstellen, als zugleich das Wichtigste der therapeutischen Kunst, nemlich die prophylaktischen Kuren, befœrdern.

Aeusserst wichtig scheint mir auch die allgemeine Wiedereinführung der Bæder und der damit verbundenen Frictionen der Alten, in Hinsicht auf die Ausübung der Klinik zu seyn.

Die eigentlichen klinischen Hülfsmittel bei Krankheiten waren in verschiedenen Zeitaltern der Welt gar sehr verschieden. Jahrhunderte hindurch herrschte oft allgemein ein gewisses, bestimmtes Heilverfahren. Die Anhænglichkeit an solche Heilsysteme erhielt die Aerzte im Schlummer der Seelenkræfte; so dass, wæhrend des Verlaufes mehrerer Menschenalter, zuweilen Niemand wagte, Etwas daran zu verbessern. Daher erhielten sich Irrthümer so lange, die unter dem Ansehen grosser Mænner in Volkstraditionen übergegangen waren.

Wie verschieden waren nicht die Ansichten, die das Heilverfahren bestimmten! — Werfen wir nur einen Blick auf die Geschichte der Heilmethoden der letzten Jahrhunderte und es wird an Belegen dazu nicht fehlen. Gewœhnlich verfielen die Aerzte auf einseitige Extreme. Im siebenzehnten Jahrhunderte war die Befœrderung der Ausdünstung vorzüglichster Zweck bei den meisten Kuren. Man sperrte die Kranken in, vor dem geringsten Zuge freier Luft wohl verwahrte, Zimmer, belastete sie mit dikken Federbetten, gab zugleich die hitzigsten schweisstreibenden Arzneien, um den Krankheitsstoff durch die Poren der Haut wegzutreiben.

Als Sydenham, Boerhaave, Stahl und der grosse Friedrich Hoffmann sich diesem unsinnigen Verfahren widersetzt und eine kühlendere Methode eingeführt hatten, in welche andere Extreme verfiel nicht der grosse Haufe der Nachbeter dieser einsichtsvollen Mænner! Welche Strœme von Blut flossen nicht! — Mit welchen Fluthen wæsserichter Getrænke suchte man nicht das Blut zu verdünnen, zu kühlen und zu reinigen! —

Und ging es im vorigen Jahrhunderte anders, als die auflœsende und ausführende Methode eine fast allgemeine Herrschaft erhielt! — Glaubte man nicht die meisten Krankheiten durch Hinleitung der Sæfte nach dem Darmkanal heilen zu müssen! —

Und wie sehr übertrieben in den neuesten Zeiten die unbedingten Anhænger der Lehren Brown's ihr Heilverfahren! — Wurde nicht durch zu allgemeinen Gebrauch des Opiums und des Weins vielleicht noch mehr gegen das wahre Interesse der leidenden Menschheit gesündigt, als einst durch Aderlasse und andere ausführende Arzneien! —

Auf solche Extreme verfielen die Aerzte, indem sie mit einer unbegreifflichen Selbstzufriedenheit den Wahn hegten: die innern, unsichtbaren Modificationen im kranken menschlichen Kœrper erforschet und auf dem Wege apriorischer Speculationen ein durchaus passendes Heilverfahren festgesetzt zu haben! —

Wie nachtheilig dergleichen, durch Sektengeist entstandene, und durch Mangel an Selbstdenken von dem grossen Haufen der Aerzte durchgængig befolgte einseitige Kurmethoden für echte Vervollkommnerung der Heilkunst sind, brauche ich wohl nicht zu schildern; indem jeder unbefangene, mit Scharfsinn begabte Beobachter bei einiger Ueberlegung es einsehen muss. Aber dass alle heftige, auf mechanische Ansichten und auf apriorische Grübeleien gegründete, Kurmethoden nie zur hœchst mœglichsten Vervollkommnerung der Heilkunst führen kœnnen, dürfte nicht schwer zu beweisen seyn.

Seitdem so viele helldenkende Mænner, in den neuesten Zeiten, den Verhæltnissen lebender Organismen nachgeforscht haben: so dürften alle einseitige, auf einzelne Systeme der Organisation oder einzelne Gebilde heftig wirkende, Kurmethoden wohl nicht so leicht wieder in Ansehen kommen, wie es in den vorigen Jahrhunderten mœglich war. Die Lebensflamme, die im ganzen menschlichen Organismus lodert, darf nicht mit unbehutsamer Hand, bald in einigen Theilen heftig angefacht, bald in andern zum Glimmen herabgestimmt werden. Mit Bescheidenheit muss dieser Ausfluss des unerforschlichen, heeren Weltgeistes gehütet und behandelt werden.

Die allgemeine Anwendung von dergleichen heftigen, auf einzelne Gebilde der Organisation enorm wirkenden, Kurmethoden, scheinen denen nachstehen zu müssen, die auf eine gelindere Weise auf die Organisazion Einfluss haben. Wenigstens hat uns die Erfahrung belehrt: dass solche allgemein lange geherrschte Kurmethoden bestimmte, nachtheilige Veraenderungen in den Gesundheitsverhæltnissen ganzer Generazionen hervorbringen. So hat zum Beispiel die ausleerende Methode der Humoralpathologen ein Heer von Krankheitsanlagen erzeuget, die sich auf die Nachwelt fortpflanzen. Wann waren jemals Schwæche der Respirations- und Hautorgane und zugleich disharmonische Erregbarkeit und Neigung zu Desorganisationen in den Organen des Unterleibs so allgemein, als nachdem diese heftig wirkende Methode ein halbes Jahrhundert hindurch ihre Herrschaft behauptet hatte. Zuverlæssig waren bei unsern Vorfahren Gicht, Rheumatismen, Lungensuchten, hypochondrische und hysterische Uebel, auch Hæmorrhoiden nicht so allgemein verbreitet, als in unsern Tagen. Hingegen wurden sie, der Geschichte zufolge, von andern mit den damals in Gang gewesenen heftigen Kurmethoden in Verhæltniss stehenden Krankheiten, hæufiger geplagt als wir. *) Und so

---

*) So waren zur Zeit der erhitzenden schweisstreibenden Heilart, alle Gattungen von Friesel ausserordentlich hæufig; welche Metamorphosen der Hautorgane jetzt viel seltener vorkommen.

dürfte es immer bleiben, wenn wir uns nicht entschliessen sollten, in den meisten Fællen kronischer Krankheiten zu gelindern Methoden überzugehen.

Auch die neuern Entdeckungen über die organisch-chemischen Prozesse kœnnen hierüber einiges Licht verbreiten. Den Gesetzen der organischen-Oekonomie zufolge, muss man annehmen: dass bei der Entwikkelung einer Krankheit irgend ein Reitz enorm auf einzelne Gebilde oder einzelne Systeme der Organisation gewirket hat und dass dadurch disharmonische Erregbarkeit entstanden ist. Diese Disharmonien in der Vitalitæt in Harmonie aufzulœsen zu suchen, ist das Geschæft des Arztes. Durch æhnliche, künstliche Reitze sucht der Arzt, den Gesetzen in den organischen Prozessen zufolge, diesen enorm wirkenden Reitz auf mehrere Organe zu vertheilen, bis endlich die grœssere oder geringere Lebensenergie die Abweichungen von der naturgemæssen Erregung in kürzerer oder længerer Zeit, wieder in allgemeine Harmonie auflœset und Gesundheit hergestellt wird. Sollte dieser Hergang bei Entstehung und Aufhœrung der Krankheiten der Wahrheit sich næhern, so sind offenbar gelinde, auf den ganzen Organismus oder weitlæuftige Systeme desselben allmæhlig wirkende Reitze wohl besser geeignet, den enormen Reitz allmæhlich zu vertheilen und endlich harmonische Erregung herzustellen, als heftig wirkende, die immer eine Tendenz haben, Desorganisazionen schneller oder langsamer herbeizuführen.

Auch lehret die tægliche Erfahrung: dass in vielen kronischen Uebelbefinden, heftige, auf einzelne Systeme oder Gebilde der Organisation wirkende Reitzmittel Nichts vermœgen, wæhrend gelindere ihren wohlthætigen Einfluss auf alle Organe sanft übende Reitzmittel die Harmonie in den vitalen Thætigkeiten wieder herstellen.

Wie mancher an kronischen Beschwerden leidende Kranke wird nicht Monathe, ja Jahre lang, mit allerlei heftigen, auf einzelne Systeme oder Gebilde der Organisazion wirkenden, Reitzmitteln behandelt, wo keine Herstellung, oder doch nur auf kurze Zeit erfolget. Verwechselt nun ein solcher Kranke dies Heilverfahren mit einem gelindern, unmerklich auf die Organisazion wirkenden, wie schnell und dauerhaft wird er nicht zuweilen hergestellt! —

Dies sind die Fælle so vieler Heilungen, die an Kurœrtern geschehen. Meistens sind alsdann keine Desorganisazionen im Organism, sondern nur disharmonische Verhæltnisse der verschiedenen organisch-chemischen Thætigkeiten, die durch Bewegung, Bæder, psychische Einflüsse und die sanften Einwirkungen der bekannten und verborgenen Kræfte des uns umgebenden Luftmeers in Harmonie allmæhlich aufgelœset werden. *)

In allen solchen Fællen lehrt doch die Erfahrung, welche Gattungen von Reitzen auf den Organism den unwandelbaren Gesetzen der Natur in den meisten adynamischen Krankheiten entsprechen und wie sehr die Art der Alten durch kunstgemæsse

---

*) Man kœnnte zuverlæssig der Nützlichkeit der meisten Kurœrter eine weit grœssere Ausdehnung geben, als sie bisher hatte. Deswegen war es von je her meine Lieblingsidee, an irgend einem nicht unbedeutenden Kurorte eine Anstellung zu finden, um hierzu nach meinen Kræften mitwirken zu kœnnen.

Bæder, Frictionen und Leibesübungen auf den Organism zu wirken, Aehnlichkeit mit jenen uns überraschenden Naturwirkungen an Kurœrtern habe.

Die Art der Alten, die Lebens - Energie zu erhalten und zu stærken und Krankheiten zu heilen, scheint mir auch den Kenntnissen, die wir vom organischen Baue und von der Vitalitæt des Menschen haben, besser zu entsprechen, als die meisten Heilarten in den neuern Zeiten. Durch Nichts stehen wir in unmittelbarerer und grœsserer Verbindung mit dem Universum, als durch die Lungen und die Organe der Haut. Magen und Darmkanal sind beschrænkter und mittelbarer in Hinsicht ihrer Einflüsse auf den Organism, und scheinen eigentlich vorzüglich zur Bestimmung zu haben, die Erhaltung und Wiedererzeugung der grœbern Theile des Kœrpers zu bewirken.

Wie sehr überhaupt die Natur auf die organisch - chemischen Thætigkeiten der Lungen und der Haut zur Erhaltung der Organisazion rechnete, erhellet schon daraus, dass von acht Theilen, die ein erwachsener, gesunder Mensch an Speisen und Getrænken zu sich genommen hat, gemeiniglich nur drei Theile durch den Darmkanal und die Urinblase weggeschaffet werden, und dagegen fünf Theile durch die Lungen und die Haut.

Diese Verhæltnisse werfen auf die ausschliessliche Anwendung heftiger Reitze auf den Magen und Darmkanal beim Heilverfahren kein günstiges Licht.

Wenn man erwægt, dass das feinste Nervengewebe überall unter der Haut ausgespannt ist, dass unendliche kleine, aushauchende und einhauchende Gefæssendigungen im Hautorgane sind, so wird es begreiflich: dass die Natur sie nebst den Lungen als vorzüglichste Verbindung mit der Aussenwelt bestimmte. Ueberdies scheinen durch die Haut die feinern vitalen Processe zu geschehen. Die ætherische, geistigere Lebensnahrung kommt aus dem uns umgebenden Luftmeere. Der unentbehrliche Einfluss des Lichts, der Wærme, der beiden elektrischen Stoffe, der Gasarten, der feinern Ausflüsse der Gewæsser, der Erde, der Thier- und Pflanzenwelt und die unendlichen andern, grœssten Theils vielleicht noch verborgenen, Einflüsse aus dieser grossen Werkstætte der Naturprozesse müssen uns darauf aufmerksam machen, dass die Natur die Abweichungen der Vitalitæt meistens dadurch zu veranstalten, aber auch wieder in ihren Normalzustand zurückzuführen pflegt.

Næhern sich diese Andeutungen der Wahrheit: so war allerdings das Heilverfahren der Alten besser auf die grossen Naturgesetze berechnet, als manche Heilverfahren der neuern Zeit. Was uns aber am meisten aufmuntern sollte, die Weise der Alten, um Lebens-Energie zu befœrdern und die Differenzirungen des Lebens zur Indifferenz zurückzuführen, ist der immer mehr bestætigte Satz: dass die Arzneireitze eben sowohl auf Lungen und Haut, als auf Magen und Darmkanal wirken.

Bekannt sind die Versuche so vieler berühmten Mænner, z. B. eines Fourcroy, Seguin, Beddoes, Hufeland, Scherer, Humbold, Spallanzani, Mühry, u.s.w. mit der Einwirkung verschiedener Gase auf die Lungen.

Die gute Wirkung des æussern Gebrauches von Arzneimitteln, ist auch durch eine Menge von Thatsachen in neuern Zeiten bestætigt worden. Ich selbst habe hœchst merkwürdige Erfahrungen darüber, und insonderheit über den Einfluss des Sonnenlichts auf den menschlichen Organism gemacht, die ich in einer andern Schrift zu seiner Zeit bekannt machen werde.

Freilich werden andere, energischere Generazionen den Werth der auf die Haut angebrachten Arzneireitze noch besser schætzen lernen, als wir; indem durch viele zusammentreffende, zum Theil schon angedeutete Verhæltnisse unsere Haut nicht den Grad der Reitzfæhigkeit besitzt, nicht die Vitalitætsthætigkeit hat, die sie der Absicht der Natur gemæss haben sollte. Aber eben um diese wieder herzustellen, und dadurch Lebensenergie und Verhütung und Heilung mancherlei krankhaften Beschwerden zu befœrdern, sollten wir unermüdet streben, dem grœssten, uns mit dem Universum verbindendem, Organ wieder seinen Normalzustand zu verschaffen.

Was noch besonders für die Kuren mit æussern auf die Haut angebrachten Arzneien spricht, ist der Umstand, dass die meisten Arzneien vorzüglich nur dynamisch wirken. Auf einer mit der naturgemæssen Vitalitæt begabten Haut werden sie deswegen eine bestimmtere, durch andere Verhæltnisse weniger gestœrte, Wirkung haben, als im Magen und Darmkanal, welche für grœbere chemische Prozesse mehr bestimmt zu seyn scheinen. Indess wenn wir die Alten in Hinsicht kunstgemæsser Einreibungen nachahmen, so werden wir von ihnen lernen, dass es Stellen der Haut gibt, die viel empfænglicher für Arzneireitze sind als andere. Zu diesen gehœren die Gegend der Herzgrube, des Unterleibs, der Achselhœlen, der Weichen, der innern Arm - und Kniegelenke, u. s. w. Die meiste Aufmerksamkeit haben in neuern Zeiten Italiænische Aerzte der Methode die Arzneireitze auf die Haut zu bringen, geschenkt. Vorzüglich hat sich Chiarenti*) in Florenz dadurch ein grosses Verdienst erworben. Nach ihm haben Spallanzani, Giulio, Rossi, Turdus, Riboni, Anselini, Mano, Garneri,

---

*) Osservazioni ed esperienze sul sugo gastrico riguardato come il mezzo destinato della natura per rendere susceptibile una gran parte delle substanze ad essere assorbite dai vasi assorbenti della machina animale. Firenze 1797. 8.

Betrone, Badariotti, Vaca, Berglighieri, Sichi, u. a. berühmte Mænner in Italien mehr,. merkwürdige Erfahrungen darüber gemacht. Die Verdienste des Herrn Brera in dieser Hinsicht sind durch sein treffliches, in Deutscher Sprache von Eyerell übersetztes Werk *), bekannt.

Treffliche Französische Aerzte, und namentlich unter ihnen, Pinel, Alyon, Alibert und Dümeril, haben die Wirksamkeit der von Chiarenti vorgeschlagenen Methode durch Erfahrungen bestætigt gefunden.

In Deutschland hat der berühmte Professor Weigel in Leipzig, durch Bekanntmachung der Chiarentischen Erfahrungen und eigner angestellten wichtigen Versuche in seiner trefflichen Italiænischen medizinisch - chirurgischen Bibliothek

---

*) Anatripsologie, oder die Lehre von den Einreibungen, die eine neue Methode enthælt, durch Einreibungen mit thierischen Sæften, und verschiedenen andern Substanzen, die man innerlich zu geben pflegt, auf den menschlichen Kœrper zu wirken. 2 Theile. Wien 1800. 8.

(Theil XXVII) sich besonders verdient gemacht.

Sollten diese und æhnliche Versuche der Neueren mehr erweitert und beherziget werden, so würden sie uns zur Anerkennung eines der vorzüglichsten Momente beim Heilverfahren der Alten führen, und die heftigen, stürmenden Methoden im Heilverfahren immer mehr in Vergessenheit bringen.

Die Nachahmung des Heilverfahrens der Alten scheint mir noch in einer andern, bisher wenig beachteten, Rücksicht von grosser Wichtigkeit zu seyn.

Beim Heilverfahren der Alten wird das Hautorgan hæufiger und længer dem Einflusse der Alles belebenden Lichtstrahlen ausgesetzt. Da nun das Licht ausser seinen andern, noch nicht hinlænglich erforschten, Wirkungen die Kraft hat, den gebundenen Wærmestoff der Haut frei zu machen, wodurch die feinsten Prozesse der Hauttætigkeit wahrscheinlich befœrdert werden, so würde die Harmonie aller organischen Thætigkeiten grœsser seyn, als wenn die Entwickelung und Verbreitung der thierischen Wærme von den grœbern Ernæhrungsprozessen im

Magen und Darmkanal und dem chylopoietischen Systeme mehr geschiehet, als es seyn sollte. Denn dass Ernæhrung und naturgemæsse Entwickelung und Verbreitung der Wærme im menschlichen Organism genau verknüpft sind, leidet wohl keinen Zweifel. Wer weiss, ob diese ungleiche Entwickelung und Verbreitung der Wærme nicht die Hauptquelle ist, warum in unsern Zeiten, so viele Krankheiten sich bilden, wobei das Reproductions - Geschæft vorzüglich leidet, warum mit Einem Worte das Heer phthisischer Krankheiten solche schreckliche Verwüstungen unter der jetzigen Generazion anrichtet *)

Noch eins darf ich zur Empfehlung des Badegebrauchs und der damit verbundenen Frictionen und Leibesübungen der Alten nicht übergehen. Dies ist nemlich: dass die Einwirkungen dieser Mittel dauerhafter sind, als die von innerlich gegebenen Arze-

---

*) Man vergleiche damit, was ich hierüber im ersten Theile meiner Abhandlung über die Erkenntniss, Verhütung und Heilung der schleimigen Lungensucht S. 56. gesagt habe.

neien. Hierdurch scheinen sie mir einen grossen Vorzug vor allen heftigen innerlichen Mitteln zu haben, welche letztere mehr palliative als gründliche Heilungen bewirken. Auch kœnnen in der Diæt verflochtene Mittel mit weniger Beschwerden der Kranken lange fortgesetzt werden, als innerliche, bei vielen Individuen bald einen unbezwinglichen Widerwillen erregende, Arzeneien.

Die Weise, wie der allgemeine Gebrauch der œffentlichen Bæder, der Frictionen und Leibesübungen der Alten wieder herzustellen sey, darüber kann ich mich hier nicht einlassen.

Auf jeden Fall müsste wohl die Herstellung dieser Gebræuche allmæhlig geschehen, und von den Vorstehern der Staaten, besonders von Sanitætscollegien, mit Rücksicht auf individuelle Verhæltnisse, z. B. auf das Klima, auf den Zustand der Volkscultur, auf endemische Krankheiten u. s. w. eingeleitet werden.

Das Erste und Nœthigste bei dieser Herstellung nützlicher Gebræuche dürfte wohl seyn, auf Universitæten und Schulen Lehrer der Gymnastik anzustellen, wie hiervon die weise Dænische Regierung ein bemerkungswürdiges Beispiel gegeben hat. *)

Um der medizinischen Gymnastik mehr Ansehen zu verschaffen, und um den Gebrauch kunstgemæsser Bæder, Frictionen und Leibesübungen, insonderheit in kronischen Krankheiten, entweder an die Stelle heftiger Heilverfahren zu setzen, oder sie mehr in Verbindung mit innerlich gegebenen Arzneien zu bringen, dürften œffentliche Lehrer der Heilkunde und Schriftsteller mehr mitwirken müssen, als bisher geschehen ist.

Ehe dies in Ausübung kommen dürfte, müsste bei dem grossen Haufen der Aerzte die Ueberzeugung lebendig werden, dass es wesentliche Bestimmung ihrer Kunst sey: die Lebens-Energie ihrer Mitbürger durch die nœthigen Rathschlæge zu erhalten und

---

*) In Coppenhagen ist Herr **Nachtigall** als œffentlicher Lehrer dieser Kunst angestellt, der jetzt auf Kosten der Regierung reiset, um die Kenntnisse seiner Sphære zu vermehren.

zu vermehren, Krankheitsanlagen entgegen zu wirken und gleich nach Entwickelnug der Krankheiten durch die einfachsten, naturgemæssesten und mit den bekannten Gesetzen der Haushaltung des lebenden Organism übereinstimmenden Mitteln den Normalzustand wieder zurückzuführen.

Von dem bessern Theil der Aerzte, hoffe ich hierin nicht widersprochen zu werden. Freilich werden manche rüstige handwerksmæssige Receptschreiber sich in ihrem Treiben nicht stœren lassen und vielleicht gar befürchten, dass bei einer einfachern Behandlung kronischer Uebelbefinden ihr Hauptgoldbergwerk minder ergiebig werden kœnnte. Indess hoffe ich zur Ehre der Menschheit, dass es dergleichen Ungeheuer nur wenige geben dürfte, und dass vielmehr Mangel an Selbstdenken, blinde Anhænglichkeit an Systeme und vielleicht auch Bequemlichkeit, sie an ihren Schlendrian fesseln.

Aber wir müssen auch erwægen, dass bei dem grossen Haufen unaufgeklærter

Menschen, die einfachere Behandlung kronischer Uebelbefinden nicht leicht Zutrauen erregen dürfte. Der grosse Haufe der Menschen ist von der Sinnlichkeit und der Phantasie gefesselt. Einfache Mittel scheinen ihnen zu natürlich zu seyn; indem sie seinem Hange zum Ausserordentlichen und Wunderbaren nicht schmeicheln. Hingegen hat er gewœhnlich nicht geringe Achtung für Arzeneimischungen, deren Ingredienzien aus allen Weltgegenden herbeigeholt worden sind.

Bei demselben ist eine Aenderung in der Denkungsart so schnell nicht zu erwarten, und nur ein besserer Unterricht der Jugend kann dergleichen eingewurzelte Volksvorurtheile überwinden helfen.

Bei dieser von mir vorgeschlagenen vernunftmæssigen Art, die kronischen Krankheiten vor und gleich bei der Entwickelung zu beobachten und zu behandeln, kommt das gewohnte mechanische Kurieren mancher handwerksmæssigen Aerzte sehr ins Gedrænge. Da dabei nothwendig erforderlich ist, dass der Arzt Freund sei-

nes Patienten sey, ihn in den verschiedenen Verhæltnissen seines Lebens beobachte,
seinen Karakter und Seelenstimmung ken-
ne, so müssen freilich zwischen dem Arzte
und seinem Patienten liberalere Verhæltnisse Statt haben, als in der gewœhnlichen
Kunstausübung zu seyn pflegen. Ueberhaupt scheint mir die Schætzung der Be-
mühungen der Aerzte nach der Zahl der
Recepte und Visiten der Vervollkommnerung ærztlicher Kunstausübung im Wege
zu stehen. *)

Wenigstens findet ein einsichtsvoller und
gewissenhafter Arzt in dieser Einrichtung

---

*) Das sonderbarste bei dieser Einrichtung ist:
dass der genievolle, mit dem richtigen Tacte begabte,
Arzt oft durch die erste Verordnung den Kranken heilt,
wæhrend der Stümper nur durch viele Umwege zum
Ziele gelangt. Unter diesen Verhæltnissen pflegt indess letzterer den Beifall der Menge und den mechanischen Bemühen angemessene, Belohnung zu erhalten, wæhrend ersterem kaum gedankt wird, indem die
gehobene Krankheit als unbedeutend betrachtet wird.

Schwierigkeiten um den ganzen Umfang seiner Pflichten zu erfüllen. *)

Diejenigen, welche die Aufmerksamkeit und behutsame Lenkung aller auf Gesundheit Einfluss habenden Verhæltnisse bei ihren Aerzten zu schætzen wissen, finden sich zuverlæssig besser dabei, als die, welche fast bloss die Zahl der Visiten und Recepte in Anschlag zu bringen scheinen.

Deswegen werden so viele und selbst schwæchliche Individuen alt, die von geschickten und gewissenhaften Aerzten bestændig beobachtet und mehr mit gelinden diætetischen, als heftigen, schnell entscheidenden, Mitteln behandelt werden. Zuverlæssig erreichen deswegen sehr viele von denen ein hohes Alter, welche bestændig Leibærzte um sich haben, die jede Abwei-

---

*) Die Natur der Krankheiten ist sehr verschieden. Einige, welche in der Folge mit der grœssten Gefahr drohen, haben bei ihrer Entwickelung sehr leichte unbedeutende Zufælle. Ein scharfsinniger und gewissenhafter Arzt muss diese Anfangs hæu-

chung der Lebensthætigkeiten von der Normalitæt erforschen, und durch sanfte, meistens in der Lebensordnung verflochtene psychische und physische Arzeneireitze die Harmonie derselben früher herzustellen im Stande sind, ehe eine Krankheit sich entwickeln konnte.

Um also sowohl die Lebens-Energie zu erhalten und zu stærken und in Krankheiten mehr ausrichten zu kœnnen, als bisher mœglich war, wæren demnach œffentliche Anstalten zu Bædern von mancherlei Art und von allen Nüanzen der Temperatur, die allgemeinere Einführung verschiedener Gattungen von Frictionen und die Erbauung œffentlicher zu mancherlei Leibesübungen bestimmten Gebæude eine

---

fig und genau beobachten; andere Krankheiten die Anfangs sehr gefahrvoll scheinen, sind es oft nicht und erfordern wenigere Aufmerksamkeit von Seiten der Aerzte. Diese und æhnliche Fælle kœnnen nun Kranke und Angehœrige selten unterscheiden, weswegen der nach Pflicht handelnde Arzt oft leider Gefahr læuft in Hinsicht auf die Anzahl seiner Besuche schief und bosshaft beurtheilt zu werden.

Angelegenheit von dem grœssten Gewicht für das Wohl der Menschheit. Mœchten diese, wenigstens gut gemeinte, Aufforderungen Gehœr finden und nicht als leere Træume betrachtet werden! — Gewiss würden diejenigen welche zur allgemeinen Einführung von solchen nützlichen Anstalsen mitwirken sollten, auf den Beifall aufgeklærter Zeitgenossen und den wærmsten Dank künftiger Generazionen rechnen kœnnen! —